复兴的力量

引领民族振兴的百年大党

王友明 著

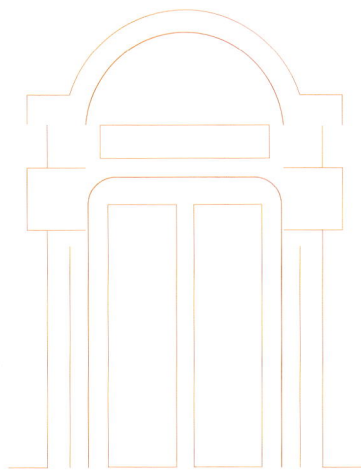

上海人民出版社 学林出版社

目 录

1

第一章

时代之问：中国共产党人的自觉与担当

第五章

目 录

中国共产党与中华民族伟大复兴

李忠杰

中国浦东干部学院王友明同志的新作《复兴的力量——引领民族振兴的百年大党》由上海人民出版社、学林出版社出版了。这是他多年来从事教学和研究的学术成果，其中一些观点我们在相关学术会议上作过交流，听过他的介绍，但今天通读书稿，感觉无论是框架还是内容，都颇有新意，尤其是作为一本通俗性的理论读物，更难能可贵。

实现中华民族伟大复兴是近代以来最能激励中国人民的口号和梦想。中华文明，作为在世界原生文明中唯一没有中断的文明，为人类文明发展作出了巨大贡献。在思想文化、社会制度、经济发展、科学技术等领域都发挥了重要的辐射和引领作用。就科学发明而言，马克思在《机器。自然力和科学的应用》一书中指出："火药、指南针、印刷术——这是预告资产阶级社会到来的三大发明。火药把骑士阶层炸得粉碎，指南针打开了世界市场并建立了殖民地，而印刷术则变成了新教的工具，总的来说变成科学复兴的手段，变成对精神发展创造必要前提的最强大的杠杆。"[1]据《自然科学大事年表》记载，明代以前，世界上重要的创造发明和重大的科学成就大约300项，其中中国大约175项，占总数的58%以上，其他各国占42%左右。[2]英国著名科技史家李约瑟博士在《中国科学技术史》中指出，中国的发明和发现，远远超过同时代的欧洲。中华文明对世界文明进步做出了巨大贡献，产生了深远影响。

但是，长期的君主专制统治、明清两朝的闭关锁国，在相当

[1]
《马克思恩格斯全集》第47卷（2004），第427页。

[2]
《自然科学大事年表》编写组：《自然科学大事年表(试编本)》，上海人民出版社1975年版。

程度上阻碍了中国社会的进步和发展。特别是从鸦片战争开始的外国列强的对华侵略，使古老的中华大地灾难深重。为挽救国家和人民，无数仁人志士不屈不挠、前仆后继，进行了可歌可泣的斗争，做出了各式各样的尝试，但终究未能从根本上改变旧中国的社会性质和中国人民的命运。历史向何处去？中国向何处去？1921年中国共产党的成立，成为"开天辟地的大事变"（毛泽东语），中国人民谋求民族独立、人民解放和国家富强、人民幸福的伟大复兴的斗争开始有了新的力量、新的抉择、新的道路。

中华民族伟大复兴的力量何在？力量在于人民，在于历史发展的客观规律。中国共产党顺应时代的潮流，尊崇人民的意愿，勇敢地承担起领导中华民族伟大复兴的历史使命，成为团结和凝聚中华儿女共同奋斗的核心力量。

列宁说："给我们一个革命家组织，我们就能把俄国翻转过来！"习近平总书记强调："党的力量来自组织。党的全面领导、党的全部工作要靠党的坚强组织体系去实现。"中国共产党成立时，只有58名党员，到1949年10月新中国成立时，发展到448万名，到2023年12月31日，已达到9918.5万名（中共中央组织部：《中国共产党党内统计公报》，新华社北京2024年6月30日电）。为什么100多年来党能如此快速地发展壮大？为什么在任何情况下都能有巨大的能量和韧性？一个重要的原因，就是组织。中国共产党通过制定党章、通过民主集中制的原则规范组织，加强党的领导，不仅自身成为打不烂拖不垮的力量，还将一个一个"马铃薯"、一粒一粒"散沙"集合起来，形成气势磅礴的民族复兴力量。历史和现实、理论和实践告诉我们，没有中国共产党，就没有新中国的出现，就没有改革开放后创立的中国特色社会主义，也就没有中华民族伟大复兴。

思想来自实践,又指导实践,在一定程度上还是行动的先导。中国近代以来的许多政党和志士仁人,为寻求解救中国之道,"睁眼看世界",苦苦寻觅,向西方学习技术、学习理论、学习文化、学习制度,寻求救国救民的真理,但都不断地遇到挫折。俄国十月革命一声炮响,加速了马克思列宁主义在中国传播的进程。中国共产党最早的先驱者们,在共产国际和苏俄共产党的帮助下,选择了马克思列宁主义,确立了马克思主义的指导地位。后来在实践中又懂得了不能简单照搬书本、照搬外国的道理,逐步把马克思主义与中国实际结合起来,并坚持在实践中不断丰富和发展马克思主义。百年筚路蓝缕,中国共产党之所以能够领导人民进行革命、建设和改革并不断取得成功和胜利,一个重要原因,就在于党无论处在顺境逆境,无论遇到多少艰难险阻,都坚持把马克思主义基本原理与中国革命、建设、改革的具体实际相结合,与中华优秀传统文化相结合,实现了马克思主义中国化的一次次飞跃。马克思主义通过中国化而得以创新的理论成果,为党和人民事业发展提供了科学的理论指导,为增进全党全国各族人民团结统一、以中国式现代化全面推进中华民族伟大复兴提供了坚实的思想基础。

旗帜决定道路,道路决定命运。中国共产党一经成立就将自己定名为"中国共产党",将实现社会主义、共产主义写在自己的旗帜上。中国共产党团结带领中国各族人民,披荆斩棘、浴血奋战,经过28年的新民主主义革命的艰难困苦,建立了新型的中华人民共和国,为实现中华民族伟大复兴提供了根本历史前提。新中国成立后,党领导中国人民恢复国民经济、开展社会主义改造,确立起社会主义基本制度,开展社会主义建设的艰辛探索,建立起比较完整的工业体系和国民经济体系。事实证明,只有社会主义才能救中国;社会主义为中国发展提供了新的政治前提和制度基础;只有搞清楚什么是社会主义、怎样建设社会主义,才能真正科学地建设社会主义中国。

党的十一届三中全会开启的改革开放事业,是决定当代中国命运的"关键一招",也是决定实现中华民族伟大复兴的"关键一招"。改革开放的最重要成果,是创立了中国特色社会主义。中国特色社会主义是中国改革开放以来党的全部理论和实践的主题,是党和人民历尽千辛万苦、付出巨大代价取得的根本成就。经过改革开放和社会主义现代化建设事业的顺利发展,我国实现了从高度集中的计划经济体制到充满活力的社会主义市场经济体制、从封闭半封闭到全方位开放的历史性转变,实现了从生产力相对落后的状况到经济总量跃居世界第二的历史性突破,取得了实现人民生活从温饱不足到总体小康、奔向全面小康的历史性跨越,中华民族以更加崭新的姿态屹立于世界的东方,迎来了从"站起来"到"富起来"的伟大飞跃。事实证明,只有中国特色社会主义才能发展中国,只有坚持中国特色社会主义不动摇、不懈怠、不折腾、不倒退,才能不迷失方向,走向中华民族伟大复兴。

党的十八大以来,以习近平同志为核心的党中央,统筹把握中华民族伟大复兴战略全局和"世界百年未有之大变局",作出中国特色社会主义进入新时代的重大政治判断,把马克思主义基本原理同新时代中国具体实际结合起来,团结带领人民进行伟大斗争,建设伟大工程,推进伟大事业,实现伟大梦想,在前人奋斗的基础上,更加接近中华民族伟大复兴的目标,充分彰显了中国特色社会主义的强大生机活力。事实证明,只有坚持和发展中国特色社会主义,才能始终紧跟时代,引领中国人民实现以中国式现代化全面推进中华民族伟大复兴的目标。

党的二十大报告提出,"中国共产党为什么能,中国特色社会主义为什么好,归根到底是马克思主义行,是中国化时代化的马克思主义行"。

作为理论工作者,要向群众讲清楚为什么"能""好""行",更要深入研究怎样才能"能""好""行",或怎样才能更"能"、更"好"、更"行"。唯有如此,才能真正体现理论研究和理论探索的价值。

王友明同志的这部《复兴的力量——引领民族振兴的百年大党》,就是围绕中国共产党这三个方面问题展开的一本雅俗共赏的通俗理论读物。

王友明同志长期从事马克思主义理论、党史党建的教学研究,近年来有许多研究成果在中央媒体发表,产生了积极影响。这本书集合了他近年来的一些研究心得,坚持唯物史观和正确党史观,打通理论与实际、历史与现实、国内与国外,通过纵向分析、横向比较,开展深入系统研究,提出了一些颇有新意的研究视角和观点,读来令人一目了然,印象深刻。全书史料丰富,包括了古今中外,政治、经济、文化、社会、外交、国防等方方面面。紧密联系实际,针对党员干部思想中存在的一些疑问和困惑,条分缕析、娓娓道来、解疑释惑,读来发人深省。

当然,针对如此宏大的命题,单凭一本书稿是很难深入分析透彻的,也就难免在一些观点上还没有展开深入分析,有待作者在今后的研究中予以深化和补充。总的来说,这是一本较好的理论著作,特别适合普通党员干部阅读参考。

在全党学习、宣传、贯彻党的二十大精神,推动党史学习教育常态化、长效化,更好以史为鉴、开创未来,团结带领全国各族人民全面建成社会主义现代化强国、实现第二个百年奋斗目标,以中国式现代化全面推进中华民族伟大复兴的当下,相信这本书对广大党员干部学习党的理论、学习党的二十大精神,特别是对促进正在开展的对二十届三中全会精神的学习,都会有所帮助。

（作者为原中共中央党史研究室副主任,中央马克思主义理论研究和建设工程咨询委员会委员,教授）

绪 论

庆祝建党100周年的上海之夜

只有创造过辉煌的民族，才懂得复兴的意义；只有经历过苦难的民族，才对复兴有深切的渴望。实现中华民族伟大复兴是近代以来中华民族最伟大的梦想，是中国共产党一百多年来团结带领中国人民进行的一切奋斗、一切牺牲、一切创造的主题。

中 华 民 族

著名历史学家、复旦大学教授姜义华在《中华文明的经脉》（商务印书馆2019年版）一书中对中华民族有系统论述，认为从远古时代到公元前20世纪左右，包括华夏、东夷、西戎、三苗、南蛮在内的中华族群就开始孕育与萌芽，此后直到公元前3世纪中期，中华族群基本架构就已经形成。因此中华文明是中华民族，当然包括中国各个少数民族在内共同创造出的文明。在《何为中国》（东方出版中心2022年版）一书中姜义华先生写道："中华文明是具有原生性的、独立性的、自成体系的文明"，"是应对环境的挑战而形成的一种以农耕文明为主轴，以草原游牧文明与山林农牧文明为两翼，并借助传统商业、手工业予以维系，以现代工业、现代农业、现代服务业予以提升的复合型文明"。中华文明至少延续了五千年，是世界四大原生性的第一代文明中唯一一个没有中断的文明。

一

中国共产党引领民族复兴的强大精神之源

人无精神不立,党无精神不兴。坚持真理、坚守理想,践行初心、担当使命,不怕牺牲、英勇斗争,对党忠诚、不负人民的伟大建党精神,是中国共产党引领民族复兴的强大精神之源。

（一）坚持真理、坚守理想
——思想之源和政治灵魂

理论是行动的先导，没有革命的理论便没有革命的运动。习近平总书记在党的二十大报告中强调，中国共产党为什么能，中国特色社会主义为什么好，归根到底是因为马克思主义行，是中国化时代化的马克思主义行。拥有马克思主义科学理论指导是我们党坚定信仰信念、把握历史主动的根本所在。同时，我们党历来强调，对待马克思主义要有科学的态度，做到在坚持中发展、在发展中坚持，与时俱进推进理论创新、进行理论创造。马克思主义是真理。真理就是主观与客观相符合、理论与实践相一致，就是人们的认识正确反映客观事物及其规律。马克思主义是马克思、恩格斯总结人类思想成果，尤其是对法国空想社会主义、德国古典哲学、英国古典政治经济学的扬弃；是对人类科技成果，尤其是近代三大自然科学成就，能量守恒和转化定律、细胞学说、达尔文的生物进化论的吸收借鉴；是对社会实践成果，尤其是19世纪三四十年代法国里昂工人武装起义、英国宪章运动、德国西里西亚纺织工人起义等无产阶级政治斗争实践的总结概括。在此基础上，马克思恩格斯创立了唯物史观和剩余价值学说，揭示了人类发展的必然规律，因此马克思主义是真理。

"理想信念是立党兴党之基，也是党员干部安身立命之本。"[①]中国共产党人的理想信念，建立在马克思主义科学真理基础之上。这正是中国共产党担负起民族复兴使命的根本原因。因为只有这个思想才是科学的、指导中华民族复兴的正确指导思想，而只有中国共产党才有这个指导思想。中国近代各种政治力量之所以完成不了反帝反封建的历史任务，一个重要原因就是没有先进思想的指导，手中不能掌握真理。比如，太平天国信奉的是拜上帝教，结果因为宗教地位之争酿成无法挽回的天京事变；维新党人主张君主立宪，面对强大的皇权，制定和推行不切实际的变法政策，自然败下阵来；义和团讲的是神道，神乎其神，刀枪不入，当然背离实际；资产阶级革命党人信奉民主主义，主张资产阶级共和国方案，不仅"革命军起，革命党消"[②]，更因宋教仁的被刺宣告了其主义的破产。"本现代思潮的精神，谋社会之改造"，"隔着纱窗看晓雾"的中国先进知识分子，在历经各种新思潮、新方案的比选、实验失败之后，最终选择了"走俄国人的

①

《习近平在中央党校（国家行政学院）中青年干部培训班开班式上发表重要讲话强调筑牢理想信念根基树立践行正确政绩观 在新时代新征程上留下无悔的奋斗足迹》，《人民日报》2022年3月2日，第1版。

②

《章炳麟之消弭党见》，《大公报》（天津）1911年12月12日，第五版。

路",高擎马克思列宁主义的旗帜。

马克思主义之所以获得中国先进知识分子的青睐,一是上述各种力量探索尝试的破产,二是第一次世界大战后西方的破败,三是十月革命胜利的榜样力量,四是马克思主义与中国传统文化的契合。马克思主义在中国的传播,中国共产党的建立,使得"中国改换了方向","中国革命的面貌焕然一新","中国人民的精神由被动转向了主动"。

实践是发展变化的,来源于实践又指导实践的理论也是不断与时俱进的,因此马克思主义强调自己是发展的理论,绝不是僵死的教条。我们党把马克思主义与中国实际相结合、与中国优秀传统文化相结合、与时代特征相结合,不断发展马克思主义,从而使马克思主义这一科学理论的真理力量和实践力量在中华大地得到充分彰显,在中国不断焕发出勃勃生机。习近平新时代中国特色社会主义思想是马克思主义与中国实际相结合的最新成果,是马克思主义与时代特征相结合的最新成果,是马克思主义与中国优秀传统文化相结合的最新成果,因此习近平新时代中国特色社会主义思想是真理,是指导全党全社会以中国式现代化全面推进中华民族伟大复兴的强大思想武器。

政治上的坚定来自理论上的清醒。坚守共产主义的远大理想和中国特色社会主义共同理想,都源于党员干部对马克思主义理论的笃信。"人生如屋,信念如柱。"习近平总书记指出:"理想信念之火一经点燃,就永远不会熄灭。"[1]他多次强调,信仰、信念、信心,任何时候都至关重要。理想信念动摇是最危险的动摇,理想信念滑坡是最危险的滑坡。"一个政党的衰落,往往从理想信念的丧失或缺失开始。"[2]犯错误的党员干部写的忏悔录,往往排第一位的就是学习不够,理想信念丧失。坚定的理想信念始终是共产党人经受住任何考验的精神支柱。只有坚持真理、坚守理想,始终保持志不改、道不变的坚定,我们才能牢牢把握正确前进方向,在全面建设社会主义现代化国家的新征程上攻坚克难、行稳致远。

(二)践行初心、担当使命
——根本动力和政治优势

习近平总书记在十九大报告中指出:"中国共产党人的初心和使命,就是为中国人民谋幸福,为中华民族谋复兴。这个初

[1]
《习近平在江西考察并主持召开推动中部地区崛起工作座谈会时强调贯彻新发展理念推动高质量发展奋力开创中部地区崛起新局面》,《人民日报》2019年5月23日,第1版。

[2]
《不忘初心,继续前进》,《习近平谈治国理政(第二卷)》,外文出版社2017年版,第34页。

心和使命是激励中国共产党人不断前进的根本动力。"[1]我们党为初心使命而诞生，为初心使命而奋斗，因初心使命而成为领导党。

中华文明具有五千多年的历史，是在世界四大原生文明中唯一没有中断的文明。在有史籍记载的多数时间里，中华文明都遥遥领先于世界。中国人民大学清史研究所名誉所长戴逸在其主编的《18世纪的中国与世界》序言中谈到，在乾隆十五年（1750年），中国GDP占世界GDP的32%。当时世界上人口超过50万的城市有10个，中国就有6个。这样一个"天朝大国"却在资本帝国主义的坚船利炮之下轰然倒塌，沦落为积贫积弱、生灵涂炭、民不聊生、国将不国的半殖民地半封建社会。从此，追求民族独立、人民解放、国家富强、人民幸福，也就是为中国人民谋幸福、为中华民族谋复兴成为近代以来必须回答和解决的两大历史课题和历史任务。各个阶级、各种政治力量，都为此进行了尝试，但都不能回答、更无法完成这两大任务。怎么办？年轻的中国无产阶级以独立的政治力量登上历史舞台，中国共产党应运而生，义无反顾肩负起实现中华民族伟大复兴的历史使命，团结带领人民进行艰苦卓绝的斗争。经过28年的新民主主义革命，推翻了压在中国人民头顶上的"三座大山"，建立了新中国，实现了人民当家作主。又经过社会主义革命和建设、改革开放以至新时代中国特色社会主义建设，推动中华民族迎来了从"站起来""富起来"到"强起来"的伟大飞跃，中华民族伟大复兴展现出前所未有的光明前景。今天中国共产党又率领亿万人民踏上了全面建设社会主义现代化国家的新征程，谱写新时代中国特色社会主义的新篇章。没有共产党就没有新中国，没有共产党就没有中华民族的伟大复兴，这是客观的历史事实。

反观美国，能说没有民主党、共和党，就没有美利坚吗？显然不是。1776年，北美13个殖民地第二次大陆会议发表《独立宣言》宣布建立美国，那个时候还没有民主党，也没有共和党，没有任何政党。1791年之后，因财政部长与国务卿政见之争其议会中才出现为拉票竞选等而组建的政党——联邦党人党和反联邦党人党，后来才演化出今天的民主党、共和党等资产阶级捐客型政党。这同样是历史的事实。

中国共产党承担的使命决定了自己必须背负起领导党的责任，我们党的命运和我们民族的命运、国家的命运紧紧关联在一

①

《决胜全面建成小康社会，夺取新时代中国特色社会主义伟大胜利》，《习近平谈治国理政（第三卷）》，外文出版社2020年版，第1页。

"其作始也简，其将毕也必巨"

出自《庄子·人间世》。2017年10月31日习近平总书记在瞻仰上海中共一大会址和浙江嘉兴南湖红船时的讲话中引用这句话。原意为：做任何一件事情，开头的时候总是比较简单，而到事情快要结尾的阶段任务就会更加艰巨，想要完成原来预期的目标，就须付出更大努力。

起，这是初心使命使然。"其作始也简，其将毕也必巨。"习近平总书记指出，"我们党团结带领人民取得了举世瞩目的伟大成就，这值得我们骄傲和自豪。同时，事业发展永无止境，共产党人的初心永远不能改变。唯有不忘初心，方可告慰历史、告慰先辈，方可赢得民心、赢得时代，方可善作善成、一往无前。"[1] 践行初心、担当使命，体现的是我们党初衷不改、本色依旧的特质，展现的是党的强大政治优势和不竭动力。

（三）不怕牺牲、英勇斗争
——政治气节和顽强意志

我们党一建立就面对帝国主义、封建主义这样强大的敌人，并且二者联起手来欺压中国人民。敌人是"武装到牙齿"的，决定了中国革命的形式主要依靠武装斗争，以武装的革命反抗武装的反革命，也因此我们党必须不怕牺牲、英勇斗争，做到"为有牺牲多壮志，敢教日月换新天"。无数共产党员为了人民的利益、为了民族复兴，抛头颅、洒热血，不惜牺牲自己的生命。建立中国共产党、成立中华人民共和国、实行改革开放、推进新时代中国特色社会主义事业，都是在中国共产党团结带领人民作出的巨大牺牲中实现、发展和壮大的。中华人民共和国成立初期，民政部统计的在新民主主义革命时期英勇牺牲并有名可查的革命烈士达370万人；抗美援朝战争中牺牲的革命烈士超过19.7万人；即使在和平建设时期，也有许许多多党员干部为人民的事业献出自己的生命，仅在脱贫攻坚战中就有1800多名同志牺牲。正如毛泽东同志指出的，"我们党尝尽了艰难困苦，轰轰烈烈，英勇奋斗。从古以来，中国没有一个集团，像共产党一样，不惜牺牲一切，牺牲多少人，干这样的大事"。[2]

当今世界正经历"百年未有之大变局"，中华民族伟大复兴正处在关键时期，我们比历史上任何时期都更接近、更有信心和能力实现中华民族伟大复兴的目标。习近平总书记指出："中华民族伟大复兴，绝不是轻轻松松、敲锣打鼓就能实现的，实现伟大梦想必须进行伟大斗争。在前进道路上我们面临的风险考验

[1]《走得再远都不能忘记来时的路》，《习近平谈治国理政（第三卷）》，外文出版社2020年版，第498页。

[2]《中国共产党第七次全国代表大会的工作方针》，《毛泽东文集（第三卷）》，人民出版社1996年版，第292页。

只会越来越复杂,甚至会遇到难以想象的惊涛骇浪。"①进行具有许多新的历史特点的伟大斗争,战胜复兴之路上的一个个"娄山关""腊子口",越过挡在前进道路上的"雪山""草地",就难免还会有流血、有牺牲。

加入中国共产党就要随时为党和人民利益牺牲一切,坚定不移地拼搏奉献、英勇斗争,我们必须有这样的政治气节和顽强意志,这才能够实现中华民族伟大复兴的中国梦。作为党员干部,强调的不是"天下兴亡,匹夫有责",而是要牢固树立"强国有我、舍我其谁"的担当理念和雄伟气魄,以伟大的历史主动精神,积极作为,不畏强敌、不惧风险、不怕牺牲,英勇奋斗,敢于斗争,勇于胜利。

①

《发扬斗争精神,增强斗争本领》,《习近平谈治国理政(第三卷)》,外文出版社2020年版,第225—226页。

2019年9月30日,烈士纪念日向人民英雄敬献花篮仪式在北京天安门广场隆重举行。新华社记者刘彬摄

（四）对党忠诚、不负人民
——政治品质和根本立场

对党忠诚，是共产党人首要的政治品质。党作为政治组织，政治性是第一位的，加入党组织就要对党政治认同、思想认同、情感认同。对党忠诚，就是忠诚于党的组织，忠诚于党的事业，为共产主义奋斗终身。习近平总书记指出："对党忠诚，不是抽象的而是具体的，不是有条件的而是无条件的，必须体现到对党的信仰的忠诚上，必须体现到对党组织的忠诚上，必须体现到对党的理论和路线方针政策的忠诚上。"[①]对党忠诚必须深刻领悟"两个确立"的决定性意义，增强"四个意识"，坚定"四个自信"，做到"两个维护"，牢记"国之大者"，始终在思想上、政治上、行动上同以习近平同志为核心的党中央保持高度一致；对党忠诚必须坚持民主集中制的组织原则，自觉做到"四个服从"；对党忠诚必须无论身处顺境还是逆境，都毫无条件、毫无保留地投身党的事业；对党忠诚必须抓在经常、体现在日常，坚定履职尽责、做好本职工作，等等。

对党忠诚与不负人民是相互统一、高度一致的，对党忠诚的本质要求是不负人民，不负人民是对党最大的忠诚。党的根基在人民，血脉在人民，力量在人民。"离开了人民，我们就会一事无成。"从党的一大党纲指出"以无产阶级革命军队推翻资产阶级，由劳动阶级重建国家"，到十九大习近平总书记提出"党的一切工作必须以最广大人民根本利益为最高标准"，再到人民至上、以人民心为心、人民就是江山、江山就是人民，一以贯之的是立党为公、忠诚为民，我将无我、不负人民。这是党的根本宗旨和价值旨归，也是习近平新时代中国特色社会主义思想的根本立场。

习近平总书记强调指出："人民是历史的创造者，人民是真正的英雄。"[②]

马克思在《路易·波拿巴的雾月十八日》中这样描述19世纪中叶法国农民的特点："小农人数众多，他们的生活条件相同，但是彼此间并没有发生多式多样的关系……法国国民的广大群众，便是由一些同名数相加形成的，好像一袋马铃薯是由袋中的一个个马铃薯所集成的那样。"农民阶级"不能代表自己，一定要别人来代表他们"。[③]

[①]
《对照贯彻落实党的十八届六中全会精神　研究加强党内政治生活和党内监督措施》，《人民日报》，2016年12月28日，第1版。

[②]
《始终把人民放在心中最高位置》，《习近平谈治国理政（第三卷）》，外文出版社2020年版，第139页。

[③]
马克思：《路易·波拿巴的雾月十八日》，《马克思恩格斯全集（第八卷）》，人民出版社1961年版，第217页。

近代以来，中国又有哪个政党和政治力量愿意代表和能够代表农民的利益呢？太平天国本是农民的起义，但走向了农民的反面，建立起封建的政权；慈禧太后利用义和团，但又出卖了义和团；康有为、梁启超依靠没有实权的封建皇帝，根本没有将农民纳入考虑的范围；孙中山等民族资产阶级革命家关注"兵运""会党"，过多依靠旧军队力量，其结果是革命果实落入袁世凯之手；民国时期由于军阀混战，没有有效的社会治理，中国社会的黑暗程度超过了历史上的任何时期。谁能代表人民的利益，解救民众出水火，谁能提供有效的社会治理，谁能为人民带来安宁的生活，谁就能够赢得人民的支持拥护。

党的二大在《关于共产党的组织章程决议案》中强调："我们既然是为无产群众奋斗的政党，我们便要'到群众中去'，要组成一个大的'群众党'。"[1]党的四大正式提出"工农联盟"的口号，解决了中国无产阶级革命的同盟军问题。马克思、恩格斯在《共产党宣言》中早就指出："过去的一切运动都是少数人的，或者为少数人谋利益的运动。无产阶级的运动是绝大多数人的，为绝大多数人谋利益的独立的运动。"[2]我们党是这么说的，更是这么做的。习近平总书记指出："以史为鉴、开创未来，必须团结带领中国人民不断为美好生活而奋斗。江山就是人民、人民就是江山，打江山、守江山，守的是人民的心。中国共产党根基在人民、血脉在人民、力量在人民。"[3]党为人民而生、为人民而兴，这是我们党的根本底气所在。新的征程上，我们必须始终坚持根本宗旨，始终站稳人民立场，始终保持同人民群众的血肉联系，始终同人民想在一起、干在一起、风雨同舟、同甘共苦，紧紧依靠人民创造新的历史伟业。

伟大建党精神是立党、兴党、强党的精神原点、思想基点，是中国共产党引领民族复兴的强大精神之源。中国共产党秉持伟大建党精神，担当起引领民族独立、人民解放、国家富强、人民幸福，实现中华民族伟大复兴的神圣使命。

[1] 《关于共产党的组织章程决议案》，《建党以来重要文献选编（1921～1949）（第一册）》，中央文献出版社2011年版，第162页。

[2] 马克思、恩格斯：《共产党宣言》，人民出版社2018年版，第39页。

[3] 习近平：《在庆祝中国共产党成立100周年大会上的讲话》，人民出版社2021年版，第11页。

二

"能""好""行"：解读党领导实现中华民族伟大复兴的"密钥"

习近平总书记一再强调:"要围绕中国共产党为什么'能'、马克思主义为什么'行'、中国特色社会主义为什么'好'等重大问题,广泛开展宣传教育,加强思想舆论引导,坚定广大干部群众对中国特色社会主义的道路自信、理论自信、制度自信、文化自信,进一步激发全体人民爱党、爱国、爱社会主义的巨大热情。"在党的二十大报告中,习近平总书记进一步提出:"中国共产党为什么能,中国特色社会主义为什么好,归根到底是马克思主义行,是中国化时代化的马克思主义行。"

本书根据习近平总书记所讲的中国共产党为什么能,中国特色社会主义为什么好,归根到底是马克思主义行,是中国化时代化的马克思主义行这四句话引申出五个命题,也是五章,作为本书的逻辑主线和主要内容。

第一章,"时代之问:中国共产党人的自觉与担当"。问题是时代的声音。不同的时代有不同的历史课题。面对不同时代的历史课题,中国共产党都能够正确地认清,并且带领全体中国人民完成这个时代课题。

第二章,"道路抉择:中国特色社会主义的通衢大道"。实现中华民族伟大复兴,道路是最根本的问题。中国共产党领导全国各族人民探索出一条符合中国实际的道路——中国特色社会主义道路,正是走了这条道路,党和国家事业才取得了如此辉煌的历史性成就、发生了历史性变革,从而充分彰显出中国特色社会主义的强大生机活力。党领导人民在实现第一个百年奋斗目标基础上,已经开启实现第二个百年奋斗目标新征程,朝着实现中华民族伟大复兴的宏伟目标继续前进。中国特色社会主义是实现中华民族伟大复兴的唯一正确道路,只要坚持志不移、道不改,沿着这条道路持续走下去,就一定能够实现中华民族伟大复兴。

第三章,"真理的力量:科学理论的指导"。中国共产党是马克思列宁主义与中国工人运动相结合的产物,马克思主义与中国实际相结合、与中华优秀传统文化相结合,实现了马克思主义中国化的第一次飞跃和两次新的飞跃。马克思主义及其中国化的创新理论是科学的真理,真理就是符合客观规律的正确认识,"理论一经掌握群众,也会变成物质力量"。党靠思想建设这个基础性建设,靠强大的理论武装,指导实践、引领未来、取得胜利。

第四章,"自我革命:跳出历史周期率的'第二个答案'"。一个真正的马克思主义政党的标志就是马克思曾经说过的,无产阶级革命与其他任何革命不同的地方,它能够"经常自己批判自己"。党跳出治乱兴衰的历史周期率,一靠毛泽东同志在与黄炎培著名的"窑洞对"里讲的,"只有让人民来监督政府,政府才不敢松懈",二靠党敢于直面自身存在的问题,不断地发现错误、改正错误,勇于自我革命,始终保持自身的先进性和纯洁性。

第五章,"人民至上:克敌制胜的法宝"。近代以来,中国社会面临的敌人是异常强大的,单靠一个阶级、一种政治力量是不可能战胜强大敌人的。而无产阶级之外的各个阶级、各种政治力量无法代表最大多数人民的利益,因此决定了他们无法团结一切可以团结的力量,组成广泛的革命统一战线,实现各个历史时期的使命任务。只有中国无产阶级及其政党——中国共产党,其阶级属性决定了"无产阶级的运动是绝大多数人的、为绝大多数人谋利益的独立的运动",没有追求自身的特殊利益,始终站在最广大人民群众的立场上为其谋利益,坚持人民至上，为了人民、依靠人民，因此始终得到人民群众的衷心支持拥护，形成以工农联盟为基础的广泛统一战线，汇聚成为强大的、磅礴的民族复兴伟力。

本书就是按照这个逻辑线索展开。知道"能、好、行"了，就有了道路自信、理论自信、制度自信、文化自信，有了自信就有了定力、有了底气，知道按照这个道路走，就一定会到达光明的未来，到达理想的彼岸，就寻找到了以中国式现代化全面推进中华民族伟大复兴的力量所在和基因密码。

第一章

时代之问：

中国共产党人的自觉与担当

党的百年奋斗历程告诉我们，党和人民事业能不能沿着正确方向前进，取决于我们能否准确认识和把握社会主要矛盾、确定中心任务。什么时候社会主要矛盾和中心任务判断准确，党和人民事业就顺利发展，否则党和人民事业就会遭受挫折。

——《习近平在省部级主要领导干部学习贯彻党的十九届六中全会精神专题研讨班开班式上发表重要讲话强调继续把党史总结学习教育宣传引向深入更好把握和运用党的百年奋斗历史经验》，《人民日报》，2022年1月12日，第1版

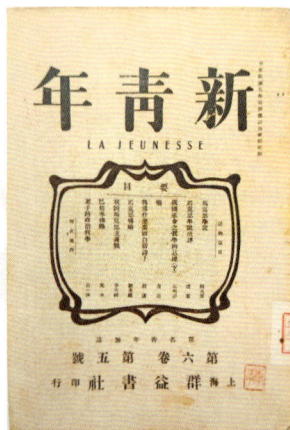

《新青年》

2013年1月5日，习近平总书记在新进中央委员会的委员、候补委员学习贯彻党的十八大精神研讨班开班式上讲到："一个国家实行什么样的主义，关键要看这个主义能否解决这个国家面临的历史性课题。"[①]同样，一个政党或政治力量是否能够成为经得起历史和群众考验的执政党，关键也要看其是否能够认识并解决这个国家所面临的历史课题。正如习近平总书记指出的，"一百年来，党总是能够在重大历史关头从战略上认识、分析、判断面临的重大历史课题，制定正确的政治战略策略，这是党战胜无数风险挑战、不断从胜利走向胜利的有力保证"。[②]

历史课题当然具有历史性，也就是说，不同的历史时期，具有不同的历史课题。只有在任何历史时期，对中国社会所面临历史课题有清醒认识，并且能够承担起解答历史课题任务的政党或政治团体，才能成为长期执政的政党、成为名副其实的领导党。中国近代以来，那么多政党和政治团体，唯独中国共产党做到了。

①

《毫不动摇坚持和发展中国特色社会主义》，《习近平谈治国理政（第一卷）》，外文出版社2018年版，第22页。

②

《习近平在省部级主要领导干部学习贯彻党的十九届六中全会精神专题研讨班开班式上发表重要讲话强调继续把党史总结学习教育宣传引向深入更好把握和运用党的百年奋斗历史经验》，《人民日报》2022年1月12日，第1版。

一

近代中国的历史课题

就近代中国而言,社会的历史课题是什么?

如何而来?

这是首先需要梳理清楚的问题。

28

（一）中华文明共同体意识

中华文明是一个在世界四大原生文明中唯一没有被中断的文明。古代中国长期被称为"天朝上国"。"中国"即为"中央之国"，意思是居于世界的中央位置。中国最早指西周的京畿地区，后演变为黄河流域的中原地区。《尚书·禹贡》有关于"九州"和"五服"的记载。大禹治水以后设立冀、兖、青、徐、扬、荆、豫、梁、雍九州；在国力所及范围，以京都为中心，由近及远，以每五百里为一服，分为甸、侯、绥、要、荒五服。到了《周礼·夏官》，将"五服"扩展为"九服"，即侯、甸、男、采、卫、蛮、夷、镇、藩。"王"居于世界中央的位置，按照文明程度依次递减而向外一圈一圈地拓展，在华夏或诸夏之外则是居天地之偏者即所谓"夷狄"：南蛮、北狄、西戎、东夷。这就是古代中国人关于天下的理解。所谓"普天之下莫非王土"，就是这个意思。比如上古时期，蚩尤部落在东方傍海而居，因此被称为"东夷"。"夷"字在距今约4000年的龙山文化时期的骨刻文中已经出现。此时的"夷"，根据《说文解字》解释为"一人负弓"，本意是东方之人，是我国古代中原对东部各部落的统称。

西周时期的东夷主要还不是文化上的分野，而是当时的部族、方国在区位上的分别。而东夷各部族、方国大都成为华夏雏形的重要来源。

文化层面上华夏与蛮夷的分野，是从东周末年开始的。当时因为诸侯称霸，孔子撰《春秋》强调尊王攘夷等政治伦理，如楚国自称"蛮夷"，其后文明日进，中原诸侯与之会盟，则再不复以蛮夷看待；而郑国行为不合义礼，也被看作夷狄。

在《周易》中有"黄帝、尧、舜垂衣裳而天下治"的说法。周公因为创制出来周礼以统治天下，在中国传统文化之中，衣冠、礼仪往往用来代指文明。所以《春秋》三传之一的《左传》有云："中国有礼仪之大，故称夏；有服章之美，谓之华。"[1]在中国古代，华夏族群居中原地区，为农耕文明的中心，而中原之外的周边地区则相对比较落后，与华夏族群的服饰不同，尤其是没有华夏的礼仪，而礼仪之中体现了思想和道德的内容，这就成了华夏与蛮夷之间的最大区别。当然，除了文化上的分野之外，血缘、地缘与衣饰、礼仪往往是掺杂在一起的，而以血缘及地域为主进行衡量的观点一般在华夏族群面临严峻威胁时占据主流，比如魏晋南北朝时期，这主要是为了保护华夏族群的存续发展。

"夷务""洋务""外务"

"夷务"是清朝对与外国相关事务的蔑称，包含其以"天朝上国"自居而对他国的轻视，由于妄自尊大，影响到对外敌的积极防御，同时也不利于以积极态度博采众长，主动学习西方的先进技术和文明。而鸦片战争以后，随着清政府对西方列强坚船利炮的认识，改变对外国的态度，1861年设立总理各国事务衙门，从此称"洋务外交"。一开始，办理洋务不是一个好差事，因为对外交涉总是失败受辱，名声很坏。比如，1867年守旧派倭仁反对设同文馆，慈禧让他当总理衙门大臣，他感到是奇耻大辱，闹着要辞官。过了十多年才出现变化，懂点外文、办外交的人吃香，升官很快，一些人要去钻营了。王韬说："凡属洋务人员，例可获优缺，擢高官，而每为上游所器重，侧席咨求。其在同僚中，亦以识洋务为荣，嚣嚣然自鸣得意。于是钻营奔竞，几以洋务为终南捷径。其能英国语言文字者，俯视一切，无不自命为治国之能员，救时之良相，一若中国事事无足当意者。"（王韬：《弢园文录外编》第32页，洋务上）"外务"一词，就是现代的国际关系称谓了。

秦始皇

但历史越往后推进，文化上的差别因素就越加凸显。

中国在国家治理层面上很早就重视对周边事务的管理。汉代已经专门设立了管理夷务的机构——蛮夷邸，南北朝设立四夷馆，明代的四夷馆内分女真、西番、回回、百夷等八馆。

华夏是"我者"，夷狄、胡人是"他者"，这点是明确的，但是华夏与蛮夷的界限往往又是变动不居的、模糊的、可转换的。其关键在于是否接受中原的礼教秩序。在中国传统文化中的"天下"意识，是一个模糊概念，没有明显的边界，只要认同我们的儒家文化、中华文明，即使外族人进来，照样可以做皇帝，汉人可以追随他们，进入朝廷服务。蒙古人、满族人进入中原，都可以做皇帝，他们也成为多元一体的中华民族大家庭中的一分子。所谓"天子有道，守在四夷"，本身就包含了少数民族参与中原地区的安宁守护之意；"天子失官，学在四夷"，"中国失礼，问在四夷"，更体现了中原地区与周边少数民族的文化相交相融。"四夷"认同了中华文明、融入了中华文化，就成为中华共同体的成员。正如《易经》中所讲，"刚柔交错，天文也。文明以止，人文也。关乎天文以察时变，关乎人文以化成天下"。

所以，中国信奉"王道""以文化人"，而不崇尚"霸道"，不崇尚以武力征服四方。《论语》强调："己所不欲，勿施于人。"《孟子》讲："行有不得者，皆反求诸己，其身正而天下归之。"中国是一个向来没有侵犯性、不侵略别人的国家。

中华文明的形成就是共同体不断形成的过程。秦始皇统一六国，"书同文，车同轨"，统一货币，统一度量衡，建立起郡县制度，形成单一制国家和多元一体多民族融合发展的"大一统"文明发展特性，铸就中华民族共同体。中华文明共同体意识是中华文明中的一个重要基因。

（二）西方奉行"丛林法则"下对中国的侵略

与中华文明共同体意识相对照，西方奉行的是弱肉强食、优胜劣汰的"丛林法则"。达尔文的生物进化论，强调的就是弱肉强食，达尔文虽然没有用生物进化论来分析人类社会，但他也提到人类社会是一样的。后来德国哲学家、社会学家斯宾塞在《伦理学原理》中，将生物进化论完全运用到人类社会。

回到夷夏关系上，中国的对外事务中从"夷务"到"洋务"再到"外务"，称谓的改变，也体现出中国对世界的认识和自己地位的变化。

中国是具有5000年文明史的国家，在有文字记载以来的绝大多数历史时期，中华文明长期遥遥领先于世界。如前所述，在乾隆十五年（1750年），中国GDP占世界GDP的32%，有一个参照数据是，2021年中国GDP占世界GDP的比例大概为18%，美国占比大概为24%。但是从明清以后，因为封建思想的落后，特别是采取了闭关锁国的政策，故步自封，慢慢地，中国社会走向衰落。而同时发生的是西方资产阶级的崛起，资产阶级共和国的诞生和工业革命的兴起。

租界时期上海外滩公园

资本主义的发展和资产阶级的崛起是和工业革命连在一起的，资产阶级革命和工业革命这两大革命一起形成一股强大的力量。相较于封建阶级，资产阶级是进步的力量，它与先进的大工业相结合，与当时中国代表落后生产方式的封建阶级和小农经济相比，就形成力量上的巨大优势。在对垒、对比中，中国败下阵来，具体表现就是1840年的鸦片战争，一个长期领先于世界的文明，一下被西方资本主义坚船利炮打翻在地。从1840年到1919年这近八十年里，英、法、日、美、俄等列强先后对中国发动两次鸦片战争、中法战争、甲午战争、八国联军侵华战争等大小数百次侵略战争。在鸦片战争期间，英国侵略者强迫清朝地方政府交纳广州赎城费600万元、《南京条约》赔款2100万银圆；第二次鸦片战争，英、法各得赔款800万两白银；甲午战争赔款2亿两白银，外加赎辽费3000万两，威海卫日军守备费150万两，共23150万两，相当于清政府3年多的财政收入；八国联军侵华战争签订的《辛丑条约》，赔款4.5亿两白银，分39年还清，本息合计近10亿两之巨。侵华战争的参与国之多，历时之长，频率之高，赔款之巨，危害之重，世界罕见。特别是《辛丑条约》签订以后，清政府俨然成为"洋人的朝廷"。慈禧看到帝国主义并没有把她当成祸首惩办，电告李鸿章对条约全部接受，并表示要"量中华之物力，结与国之欢心"，实质反映了清政府的媚外，表明清政府已经完全成为列强统治中国的工具。清政府与帝国主义沆瀣一气、走到了一起。中国沦为一个半殖民地半封建国家。

（三）近代中国历史课题的提出

由于帝国主义侵略和封建主义压迫，中国由一个有独立主权的封建国家成为半殖民地半封建国家，中国社会的主要矛盾发生变化，由过去的地主阶级与农民阶级这对矛盾，转变为中华民族和帝国主义之间的矛盾、人民大众和封建主义之间的矛盾。其中中华民族和帝国主义之间的矛盾是最主要的矛盾。争取民族独立、人民解放，实现国家富强和人民幸福成为近代中国的历史性课题，也就是习近平总书记概括的中国共产党的初心使命：为中国人民谋幸福、为中华民族谋复兴。

二

面对近代中国的历史课题
不同阶级的表现

近代以来,但凡有血性的中国人,各个阶级、各个政治力量都试图改变积贫积弱、任人宰割的局面。然而,这种局面是怎么造成的,敌人到底是谁,历史任务是什么,认清这些并不是一件轻松的事情。事实是,除中国无产阶级及其政党——中国共产党之外的其他阶级和政党,对中国近代历史课题的复杂、繁重与艰巨没有清醒的认识,更不可能解答好时代提出的历史任务。

（一）农 民 阶 级

从三元里抗英开始，到后来的太平天国、义和团，还有很多农民起义，包括那些白莲教、哥老会、大刀会、小刀会等发动的起义，都表现了中国农民阶级强烈的爱国心和争取独立解放的反抗精神，但是，这些农民为主组成的反抗力量对自己的真正敌人是谁，历史课题是什么，要达到什么目的，他们并不清楚。

比如说太平天国，和清政府斗确实没错，但它反的是清政府，而不是封建统治。所以洪秀全到天京以后，很快就腐化堕落。他的目的是要自己当皇帝、当天王。太平军占领广西永安州时即分封诸王，建立官制、礼制、军制，后定都天京，实行封建统治的轮替。他如果成功了，就是第二个朱元璋，但他没有成功，那个时代也不可能让他成功。

洪秀全一开始不仅不反抗外来侵略，还支持"洋兄弟"。直到洋枪队常捷军、常胜军攻打南京，同太平军短兵相接，洪秀全才开始反抗外国侵略势力。

义和团运动作为中国近代史上规模空前的群众性反帝爱国运动，粉碎了帝国主义列强瓜分中国的狂妄计划，沉重打击了帝国主义的嚣

东交民巷激战(俄国水兵抵御义和团进攻)

张气焰，也加速了清政府的灭亡。但是，义和团的前身"义和拳"，以反对满族统治为宗旨，将"反清复明"作为口号。随着西方列强对华侵略日深，特别是甲午战争结束以后西方掀起瓜分中国的狂潮，仅山东一省在1897年和1898年就先后被德英两国抢占胶州湾和威海两地。在山东有"特殊利益"的德国，肆意纵容其传教士在中华土地上横行无忌，遂使反清的拳民感到身边的"洋"人、"洋"事是可恨的，渐生支持清朝、民间"勤王"的思想，后来提出"扶清灭洋"的口号。拳民们只是将传教士的罪恶推到所有洋人，将洋货的威胁外推到所有引进、使用洋货的人，形成逢"洋"必反、遇"洋"必灭的盲目排外思想和行动。

农民阶级从理智上、理性上，没有认清外来侵略势力是他们的敌人，更没有认识到反封建的任务。

（二）地 主 阶 级

地主阶级通过对土地所有权的占有，主要以地租和高利贷形式对农民进行剥削，将广大人口和资本束缚在土地上，使农民半依附于地主，因此地主阶级是封建的生产关系的代表者、受益者和坚定的维护

刘公岛北洋海军提督署

者、捍卫者，当然不存在反封建的问题。即使在统治集团内部主张严厉禁止鸦片的"严禁派"和"开明派"，亦未逃脱维护封建统治的窠臼。在对待帝国主义的态度上，以慈禧为代表的守旧派出卖义和团、对洋人卑躬屈膝、甘为"洋人的朝廷"；即使提出"师夷之长技以制夷""以实事求实功，以实功从实事"等思想的以林则徐、魏源等为代表的一批先进士大夫，当他们面对民族矛盾和阶级矛盾的冲突时，这些地主阶级的开明派或改革派，也作出了以农民运动为"心腹之患"、以列强侵略为"肘腋之患"的选择，这就从"师夷之长技以制夷"的自强倒退到了"以夷制夷"的幻想。

在第二次鸦片战争后，面对经过资产阶级革命和工业文明洗礼的英国的挑战时，中国作为传统农业文明体系不堪一击，遭遇到严重的外部安全威胁，中国"数千年未有之变局"，在清朝统治集团中，一些头脑比较清楚的当权者，曾国藩、李鸿章、左宗棠、奕䜣等人，将魏源等的"师夷长技"付诸实践，发起自强运动，既镇压太平天国，又徐图"中兴"，目的还是维护封建统治。这就决定了洋务派根本无意于学习资本主义的政治经济制度，极力反对对封建思想和封建制度进行任何形式的变革；在对待列强的态度上，洋务派处处依赖外国，企图以此来达到自强求富的目的，显然也谈不上反对西方资本帝国主义。

（三）资产阶级改良派

资产阶级改良派同样意识不到反封建。康有为、梁启超这些资产阶级上层，他们搞戊戌变法，搞百日维新，依靠的力量就是光绪皇帝，就是封建势力。在面对以慈禧为代表的"后党"绞杀变法之时，他们想到的依靠力量还是封建军阀。正如袁世凯在其自述——《戊戌纪略》中写到的，谭嗣同在夜深人静之时来到袁世凯府上，给他看了一封

起草好的奏章，上面写着："荣某谋废立弑君，大逆不道，若不速除，上位不能保，即性命亦不能保。"二人看完了奏章后，谭嗣同又向其透露了围颐和园杀掉慈禧的计划。但结果是被袁世凯出卖，维新志士谭嗣同、康广仁、林旭、杨深秀、杨锐、刘光第"戊戌六君子"惨遭杀害。谭嗣同"拔起千仞、高唱入云""我自横刀向天笑，去留肝胆两昆仑"，成为千古绝唱。

维新派对帝国主义抱有幻想。康有为在自己的年谱中曾写到与日使"约两国合邦大会

康有为

议"。变法失败后，梁启超直接跑到日本驻北京使馆里面。康有为后来到了日本，最后走上了保皇的道路。

他们认识不到反帝反封建，也不会去反帝反封建，近代中国社会的历史课题他们回答不了。

（四）资产阶级革命派

以孙中山为代表的资产阶级革命派也不能彻底地反帝反封建。孙中山的"驱除鞑虏"，驱除的目标不是帝国主义，而是清政府，在他的民生主义，特别是土地制度中，有很多封建的东西。比如其"平均地权"的土地方案，主要内容是"改良社会组织，核定天下地价。其现有之地价仍归原主所有，其革命后社会改良进步之增价，则归于国家，为国民所共享"。后来他阐发新三民主义时，更新解释了"平均地权"，提出"农民之缺乏土地沦为佃户者，国家当给以土地，

孙中山

资其耕作"的"耕者有其田"思想，才把其中的封建因素改掉。他自称是"社会主义者"，但是并没有认识到近代反帝反封建的两大历史任务。

毛泽东同志在《新民主主义论》中指出："中国的民族资产阶级，即使在革命时，也不愿意同帝国主义完全分裂，并且他们同农村中的地租剥削有密切联系，因此，他们就不愿和不能彻底推翻帝国主义，更加不愿和更加不能彻底推翻封建势力。这样，中国资产阶级民主革命的两个基本问题，两大基本任务，中国民族资产阶级都不能解决。"[①]

资产阶级连反帝反封建的任务都搞不清楚，又怎么可能领导中国革命取得胜利？

① 《新民主主义论》，《毛泽东选集（第二卷）》，人民出版社1991年版，第673—674页。

三

中国共产党对中国社会历史课题的认识与解答

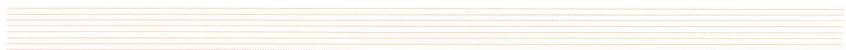

中国共产党一经诞生，就认识到自身的初心使命，认识到自己是为承担和完成历史课题、历史任务而来，义无反顾地为解决近代社会主要矛盾而牺牲奋斗，为实现中华民族伟大复兴而不懈努力。

习近平总书记指出："一百年来，中国共产党团结带领中国人民进行的一切奋斗、一切牺牲、一切创造，归结起来就是一个主题：实现中华民族伟大复兴。"①一百年来，党紧紧围绕实现中华民族伟大复兴这一主题和目标，领导人民披荆斩棘、劈波斩浪，在屈辱中抗争、在挫折中奋起、在淬炼中成长，筚路蓝缕奠基立业、创造辉煌开辟未来，无论是党团结带领中国各族人民进行革命、建设、改革的伟大斗争阶段，还是中国特色社会主义进入新时代，"始终把为中国人民谋幸福、为中华民族谋复兴作为自己的初心使命，始终坚持共产主义理想和社会主义信念"②，整体上接续奋斗、梯次推进、逐浪前行，而每一个时期又根据形势任务的不同，将伟大复兴的长远目标与阶段性目标相结合，突出时代主题，完成民族复兴的阶段性任务，创造了新民主主义革命的伟大成就、社会主义革命和建设的伟大成就、改革开放和社会主义现代化建设的伟大成就、新时代中国特色社会主义的伟大成就，日渐接近实现中华民族伟大复兴的宏伟目标。

①

习近平：《在庆祝中国共产党成立100周年大会上的讲话》，人民出版社2021年版，第3页。

②

《中共中央关于党的百年奋斗重大成就和历史经验的决议》，《人民日报》2021年11月17日，第1版。

（一）新民主主义革命时期

在这一时期，党面临的主要任务是反帝、反封建、反官僚资本主义，为实现中华民族伟大复兴创造根本社会条件。

毛泽东同志在1940年1月9日陕甘宁边区文化协会第一次代表大会上作《新民主主义论》演讲时指出："五四运动的杰出的历史意义，在于它带着为辛亥革命还不曾有的姿态，这就是彻底地不妥协地反帝国主义和彻底地不妥协地反封建主义。"[1]

1921年，党在第一次全国代表大会通过的纲领中旗帜鲜明地把实现社会主义、共产主义作为奋斗目标。1922年，党的二大通过党的第一个章程提出反帝反封建的最低纲领，明确了民主革命阶段的任务是反帝反封建。这标志着我们党清楚了解面临的历史课题是什么：为了中华民族的独立、人民解放、国家富强、人民幸福，也就是我们今天所说的初心使命。

清楚了历史任务，党就开始组织力量，进行革命斗争。

建党之初和大革命时期，党开展了工人运动、农民运动等各种群众运动；在共产国际的推动下共产党员以个人名义加入国民党，实现第一次国共合作，进行反对北洋军阀的大革命，但因国民党反动集团叛变革命而遭到惨重失败。土地革命战争时期，党为反抗国民党反动统治，领导发动南昌起义、秋收起义、广州起义等一系列武装起义，试图像俄国十月革命那样搞城市武装暴动，首先占领中心城市以取得全国胜利，但随着武装起义的失败而宣告此路不通。挫折和失败教育了中国共产党人。是毛泽东同志在领导秋收起义失败后，及时地在文家市开会，决定向罗霄山脉中段进军，面对有人提出他岂不成为"山大王"的质疑，明确回答就是要做有主义、有理想、革命的"山大王"，就是要用"小石头"去打烂敌人的"大水缸"。通过井冈山革命根据地的开辟，我们党逐步探索出了一条农村包围城市、武装夺取政权的中国革命新道路。以遵义会议的召开为标志，我们党开始形成以毛泽东同志为核心的党的第一代中央领导集体，开启党独立自主解决中国革命实际问题的新阶段。

红军北上抗日，不仅仅是为了摆脱国民党反动军队的"围剿"，实现在战略上的突围，更为重要的原因在于中国共产党对于历史课题的清醒认识。在日本发动全面侵华战争，中华民族即将亡国灭种的危急时刻，蒋介石集团还在高唱"攘外必先安内"，将主要精力和军队用在围堵红军、绞杀革命上，其结局必然

①
《新民主主义论》，《毛泽东选集（第二卷）》，人民出版社1991年版，第699页。

是人心尽失，以致张学良、杨虎城发动举世震惊的"西安事变"。而中国共产党正确分析、认识、把握时代课题的变化，早在九一八事变后的第三天，即1931年9月20日，就发表宣言昭告自己的抗日主张，迅速担负起号召和领导全国人民抗日的历史责任。在长征中，把军事上的战略转移和政治上的战略转变紧密联系起来，确立北上抗日、创建川陕甘根据地的方针。瓦窑堡会议确定建立抗日民族统一战线的总政策，"以坚决的民族战争，反对日本帝国主义进攻中国"。延安时期，党把远大理想与当时抗战的政治任务结合，把"抗日"这个政治任务和政治方向把握好了，才使全国的热血青年对延安心向往之、趋之若鹜，不顾家庭和亲友的阻挠，放弃大城市优越的生活和工作，以"割掉皮肉还有筋，打断骨头还有心，只要还有一口气，爬也爬到延安城"的执着，完成革命者的朝圣，走上革命的道路。正是由于中国共产党把共产主义远大理想和各个时期的历史课题结合起来，及时提出各个时期的政治任务、政治方向。旗帜树立起来，"大家才有所指望，才有所趋附"，才赢得群众、赢得人心。没有自己的政权，没有国家的真正独立和主权，就谈不上中华民族的伟大复兴、人民的解放。在毛泽东思想科学理论的指导下，党领导人民取得抗日战争、解放战争的胜利，建立新中国，实现了人民当家作主。用毛泽东同志的话讲就是"开辟了一个新的时代"[1]。中华民族凤凰涅槃，实现了中国从几千年封建专制政治向人民民主的伟大飞跃，向世界庄严宣告，中国人民从此站起来了，中华民族任人宰割、饱受欺凌的时代一去不复返了，中国发展从此开启了新纪元。

[1] 《中国人民大团结万岁》，《毛泽东文集（第五卷）》，人民出版社1996年版，第348页。

《西行漫记》（《原名：红星照耀中国》）
书影

（二）社会主义革命和建设时期

新中国建立后，我们党面临的主要任务是实现从新民主主义到社会主义的转变，进行社会主义革命，推进社会主义建设，为实现中华民族伟大复兴奠定根本政治前提和制度基础。

党领导建立人民民主专政的国家政权，开展抗美援朝、土地改革、镇压反革命三大革命运动以及"三反""五反"运动，公布并实施党在过渡时期的总路线，要在一个相当长的时期内，逐步实现国家的工业化，实现国家对农业、手工业和资本主义工商业的社会主义改造，建立起崭新的社会主义制度。经过新中国成立后30年的社会主义革命和建设，实现了中华民族有史以来最为广泛而深刻的社会变革，我国建立起独立的比较完整的工业体系和国民经济体系，1952年到1978年，工农业总产值

"三反"运动

"三反"运动是指在党政机关工作人员中开展的"反贪污、反浪费、反官僚主义"的斗争。

"五反"运动

"五反"运动是指在私营工商业者中开展的"反行贿、反偷税漏税、反盗骗国家财产、反偷工减料、反盗窃国家经济情报"的斗争。

焦裕禄

平均年增长率为 8.2%，其中工业年均增长 11.4%。农田水利基本建设、"两弹一星"、基础教育、合作医疗等成就卓著。这些成就的取得，为后来开启的改革开放和中国特色社会主义建设事业提供了宝贵经验、理论准备和物质基础。

（三）改革开放和社会主义现代化建设新时期

尽管社会主义革命和建设时期经济建设取得了伟大成就，但我国还是很贫穷的国家，特别是"文化大革命"对生产力的破坏，人民生活尤其是农民还处在贫困状态。党面临的主要任务是解放和发展社会生产力，让人民群众尽快摆脱贫困，尽快富裕起来，实现体制机制的改革和对外开放，为民族复兴创造机制上的条件，提供物质上的准备。

党以"真理标准问题大讨论"为开端，掀起全党范围的思想解放运动，在此基础上召开了党的十一届三中全会，实现了党和国家工作中心的转移，开启了改革开放的伟大征程，我国实现了从生产力相对落后的状况到经济总量跃居世界第二的历史性突破，实现了人民从温饱不足到总体小康、奔向全面小康的历史性跨越。

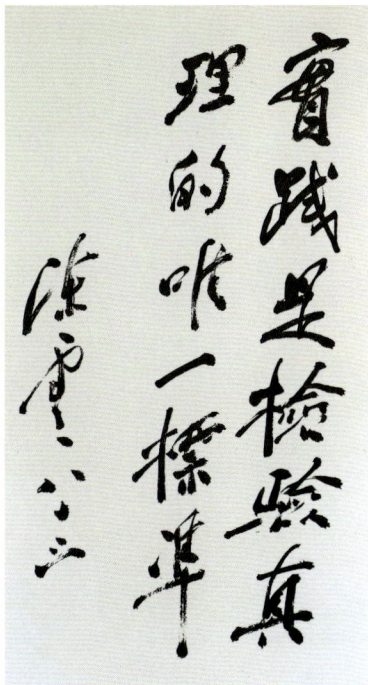

陈云非常赞赏"实践是检验真理的唯一标准"这个提法，这是陈云 83 岁时书写的条幅

（四）中国特色社会主义进入新时代

党的十八大以来，以习近平同志为核心的党中央，正确分析国内外形势，统筹把握中华民族伟大复兴战略全局和"世界百年未有之大变局"，做出中国特色社会主义进入新时代的重大政治判断。党面临的主要任务是，实现第一个百年奋斗目标，开启实现第二个百年奋斗目标新征程，朝着实现中华民族伟大复兴的宏伟目标继续前进。党的十九届六中全会审议通过的《中共中央关于党的百年奋斗重大成就和历史经验的决议》中将新时代的历史课题确定为"新时代坚持和发展什么样的中国特色社会主义、怎样坚持和发展中国特色社会主义，建设什么样的社会主义现代化强国、怎样建设社会主义现代化强国，建设什么样的长期执政的马克思主义政党、怎样建设长期执政的马克思主义政党"。

党以伟大的历史主动精神、巨大的政治勇气、强烈的责任担当，统筹国内国际两个大局，统筹推进"五位一体"总体布局、协调推进"四

新中国成立70周年国庆之夜的天安门广场

个全面"战略布局，推进国家治理体系和治理能力现代化，出台一系列重大方针政策，推出一系列重大举措，解决了许多长期想解决而没有解决的难题，办成了许多过去想办而没有办成的大事，推动党和国家事业取得历史性成就、发生历史性变革，创造了新时代中国特色社会主义的伟大成就。

党的十八大以来党领导人民取得的这些历史性成就和变革，使具有五千多年辉煌文明历史的古老中国比历史上任何时期都更加接近中华民族伟大复兴的目标，充分彰显了中国特色社会主义的强大生机活力，彻底摆脱了毛泽东同志担心和警告过的：如果社会主义建设不能完全改变过去一百多年落后的那种状况，就要有被开除"球籍"的危险。①中国共产党和中国人民以英勇顽强的奋斗向世界庄严宣告，中华民族伟大复兴的历史进程不可逆转，势不可挡。

①

《增强党的团结，继承党的传统》，《毛泽东文集(第七卷)》，人民出版社 1999 年版，第 89 页。

四

"世界百年未有之大变局"

2017年12月，习近平总书记在接见2017年度驻外使节工作会议与会使节时的重要讲话中，首次提出"世界百年未有之大变局"这一重大判断。习近平总书记指出："放眼世界，我们面对的是百年未有之大变局。新世纪以来一大批新兴市场国家和发展中国家快速发展，世界多极化加速发展，国际格局日趋均衡，国际潮流大势不可逆转。"①党的十九大以来，习近平总书记在许多重要场合多次论述"当今世界正经历百年未有之大变局"。这是我们党立足中华民族伟大复兴战略全局，科学认识全球发展大势、深刻洞察世界格局变化而做出的重大的科学判断。近年来国际风云的变幻，世界力量的分化、组合，军事热战、新冷战、能源危机、粮食危机、新冠病毒感染疫情等的出现，日益彰显出这一判断的正确和前瞻。"世界正经历百年未有之大变局"主要体现在四个方面。

①

《习近平接见驻外使节工作会议与会使节指出　深入推进中国特色大国外交》，《人民日报（海外版）》2017年12月29日。

（一）新兴经济体和发展中国家的
崛起速度之快前所未有

以金砖国家为代表的新兴经济体和发展中国家群体性崛起，正在从根本上改变世界地图。根据国际货币基金组织的数据，从2001年到2021年，发达国家国内生产总值所占世界经济总量的比重由78.85%下降到59.08%；新兴市场和发展中国家国内生产总值占世界经济总量比重由21.15%上升到40.92%，对世界经济增量的贡献在80%以上，其中中国对世界经济增量的贡献年均在30%左右。从2007年到2023年，"金砖国家"经济总量占世界经济比重由13%上升为33%，经济增长速度高于世界平均增长2—6个百分点。发达国家七国集团（简称G7）包括美国、英国、德国、法国、意大利、加拿大、日本七个工业化国家，第二次世界大战结束时的GDP占全球经济总量的80%，2023年则下降到29%。经济实力的变化，必然反映为国际话语权上的变化。新兴经济体和发展中国家以不断增强的经济实力作为支撑，通过相互之间的沟通协调，不断扩大共同利益和发展空间，有效提升新兴经济体和发展中国家的整体国际影响力，这种具有革命性、历史性甚至是难以逆转的变化，成为近代以来国际力量对比的一个显著特征。

（二）新一轮科技革命和产业革命变革带来的
新陈代谢和激烈竞争前所未有

新一轮科技革命和产业变革正在深入发展，全球科技创新空前密集活跃，人工智能、绿色能源、生物医药、量子计算等构成新的技术体系。科技成果转化速度明显加快，不仅带来了产业思维模式的改变、催发了新需求的产生，还导致资源禀赋优势在国家与国家之间发生相应的变化，催动全球产业分工格局发生变化。为在科技竞争中抢占先机，世界主要国家强化部署，加大投入，展开竞争，甚至像美国那样采取种种技术封锁措施。新一轮科技革命和产业革命变革在给世界带来无限发展潜力的同时，也带来前所未有的不确定性。

（三）全球治理体系与国际形势变化的
不适应、不对称前所未有

"冷战"结束后，新一轮经济全球化加快发展，商品大流通、贸易大繁荣、投资大便利、资本大重组、技术大发展、人员大流动成为最明显的常态化特征，国际产业分工愈加明细，形成全球性的产业链、价值链、供应链，为世界经济发展提供了强劲动力。全球化是人类社会发展的必然趋势，但是也不可否认，在全球化背景下，不同地区、国家、产业、群体都经受不同的冲击，特别是2008年金融危机以来，全球经济低迷。而2020年新冠病毒感染疫情在全球蔓延也给世界带来了诸多影响。这些冲击、影响和由此带来的种种不适应加剧，进而演变为个别国家带头，而逐步蔓延开来的保护主义和逆全球化现象。美国等个别国家在全球治理中采取单边主义、拉帮结派、霸凌行径。全球气候变化、生态环境灾害、极端主义和恐怖主义、移民难民等全球性问题在全球范围内不断扩散。这些都对全球治理和世界和平稳定提出了重大挑战。

（四）世界多极化深入发展前所未有

"冷战"结束后，旧有的以美国和苏联为两极的世界力量均势被打破，形成以美国为首的西方国家主导的单极世界秩序。然而，新兴经济体和发展中国家随着地位的提升，必然要求调整并在重构世界秩序中发挥重要作用。大国战略博弈加剧，大国关系的合作面明显下降、竞争面明显上升，国际混乱失序因素明显增多，意识形态偏见、"冷战"思维、零和博弈等旧理念明显抬头，世界发展的不确定性和风险性持续高企，大国之间要重新划分利益和确立彼此地位关系，往往通过制度创新和以经济科技军事实力为支撑进行竞争博弈，而且竞争日益聚焦重塑国际规制，国际体系的变革愈显深刻，世界呈现出不断深入展开的多极化趋势，建立公正合理的国际新秩序的呼声愈加强烈。随着综合国力的日益上升和国际地位的不断提高，我国成为提升新兴经济体和发展中国家整体实力、促进国际力量对比发生有利变化、强化世界多极化的重要因素。也正因如此，西方某些敌对势力千方百计遏制我们、打压我们，特别是美国，为维护自身霸权，针对中国掀起贸易战、科技战、金融战，等等，到处煽风点火，制造种种困难，企图阻碍我们的发展。

在世界面临百年未有之大变局这样一个纷繁复杂的形势之下，全面分析、清醒认识其深刻内涵和实质，分析国际国内各种不利因素的长期性、复杂性，是我们谋划工作的基本出发点。变局中"危"和"机"同生并存，处理得好，将给中华民族伟大复兴带来重大机遇。正如习近平总书记在党的二十大报告中指出的，"我国发展进入战略机遇和风险挑战并存、不确定难预料因素增多的时期，各种'黑天鹅''灰犀牛'事件随时可能发生"[1]。我们必须坚定信心、锐意进取，主动识变应变求变，更加主动地办好自己的事情，同时必须增强忧患意识，坚持底线思维，居安思危、未雨绸缪，主动防范化解风险，以顽强斗争精神，准备经受风高浪急甚至惊涛骇浪的重大考验。

[1] 《党的二十大报告辅导读本》，人民出版社2022年版，第24页。

五

完成历史课题的根本保证

坚持党的全面领导，是完成历史课题的根本保证。

这是由历史逻辑、理论逻辑、实践逻辑决定的。

（一）坚持党的全面领导的历史逻辑

没有共产党就没有新中国，就没有中国的现代化，就没有中华民族的伟大复兴，这是客观的历史逻辑，不是以哪个人的意志为转移的，这是历史的选择、人民的选择，是客观的历史过程，不是想承认就承认，想否定就否定的。

中国共产党1921年建党，1927年八一南昌起义建军，党通过拿起枪杆子，武装人民组成革命军队，向着敌人进行武装斗争，1949年建立了新中国。

美国也是拿起枪杆子在华盛顿的带领下向英国殖民者进行斗争，1775年4月18日，在波士顿附近的列克星敦的枪声揭开独立战争的序幕，在1776年第二次大陆会议上通过《独立宣言》宣布独立，走的也是武装斗争的道路。美国在1776年就独立了，但还没有政党。

1791年，美国早已有了总统、政府、议会，在议会里面发生了争执。当时财政部部长汉密尔顿主张联邦政府要加强对财权的集中，不能够把过多的财力分散在各个州，要把税收的大部分集中到联邦政府里。但是，当时的国务卿，也是《独立宣言》的起草人杰弗逊反对。杰弗逊提出：北美13个殖民地为什么要独立，为什么要发动独立战争，为什么建立美利坚合众国，就是因为宗主国英国把北美13个殖民地的税收，绝大部分都拿到了英国去，13个殖民地搞基础设施、搞民生都没有钱，才要搞独立，把宗主国赶出去，成为新的国家。其实从血统上来讲，大家都是盎格鲁-撒克逊人，所信奉的宗教也都是基督教新教，在价值观上没有什么区别，人种也没有区别，就是经济利益的不同，所以要让13个殖民地独立。而现在却要反其道而行之，加强联邦政府的权力，早知现在何必当初，还搞独立干什么呢？

后来，支持汉密尔顿提议的人员组成了联邦党人党，反对汉密尔顿的人员组成反联邦党人党，从此美国有了政党。美国1776年独立，1791年才建立政党，中间差了十几年，能说没有党就没有美利坚吗？显然不能。

由此可见，不能动不动就拿西方的标准来看待中国的事情，根本就不是一回事。

为什么我们说没有共产党就没有新中国，为什么党政军民学，东西南北中，党是领导一切的？因为党是我们民族独立、人民解放、国家富强、人民幸福的逻辑前提，没有党就没有后面的一切。历史已经证明，没有党，就完不成反帝反封建的任务，各个派别、各种主义全登台表演过、尝试过、实践过，但都不行。只有中国共产党诞生后，由小到大，由

①

原句是:"被剥削被压迫的阶级(无产阶级),如果不同时使整个社会永远摆脱剥削、压迫和阶级斗争,就不再能使自己从剥削它压迫它的那个阶级(资产阶级)下解放出来。"参见马克思、恩格斯:《共产党宣言》,人民出版社2018年版,第7页。

②

《关于共产党的组织章程决议案》,《建党以来重要文献选编(1921～1949)(第一册)》,中央文献出版社2011年版,第162页。

③

《关于共产党的组织章程决议案》,《建党以来重要文献选编(1921～1949)(第一册)》,中央文献出版社2011年版,第162页。

④

《关于共产党的组织章程决议案》,《建党以来重要文献选编(1921～1949)(第一册)》,中央文献出版社2011年版,第162—163页。

弱到强,我们中华民族、我们国家才开始由乱到治、由弱到强,才出现了翻天覆地的变化。所以,没有共产党就没有新中国,这是一个历史逻辑。

(二)坚持党的全面领导的理论逻辑

坚持党的全面领导除历史逻辑外,它还有一个理论的逻辑,就是中国共产党为什么能够意识到我们这个国家和民族根本的矛盾所在,我们党所面对的时代课题所在。我们党是一个没有自己私利的党,是无产阶级性质的党。马克思、恩格斯1848年2月在《共产党宣言》里面说,无产阶级只有解放全人类,才能最后解放自己。①无产阶级要建立的是一个自由人的联合体,实现人的充分、自由、全面的发展。无产阶级必须把世界上所有的人都解放了,这个阶级才能解放,只有解放了全人类,才能最终解放自己。

所以,《共产党宣言》中的倒数第二句话是:"无产者在这个革命中失去的只是锁链,他们获得的将是整个世界。"因为无产阶级本来就是一无所有。无产阶级运动是为绝大多数人谋利益的运动,无产阶级政党不是为个人谋私利的政党。

党的二大通过的《关于共产党的组织章程决议案》指出,共产党是为无产阶级做革命运动的急先锋。而"我们既然是为无产群众奋斗的政党,我们便要'到群众中去'要组成一个大的'群众党'"。②《决议案》提出两大要求,即"党的一切运动都必须深入到广大的群众里面去","党的内部必须有适应于革命的组织与训练"。③为了加强组织与训练,提出了七项原则,即:各级组织要有严密系统集权精神和铁的纪律;党员要在行动上受党中军队式的训练;言论与行动上都是共产主义者;必须能够牺牲个人的感情意见及利益关系以拥护党的一致;必须牢记始终为共产党活动;无论何时何地个人的言论都是符合党的言论,活动必须是党的活动;施行集权与训练时,应以共产革命在事实上所需要的观念施行之。最后指出,中国共产党不是少数人空想的革命团体,我们的组织与训练必须是很严密的集权的有纪律的,我们的活动必须是不离开群众的。④

毛泽东同志多次强调这个观点,即我们党是一个"群众党",我们党是群众中的一个部分,是群众中极小的一个部分,是群众的一员,我们党不能有自己的私利。没有私利并不是没有自己的工资、家庭、利益,这个利益是人民群众利益的一个部分,不能超出人民群众的利益,如果超出了这个利益,那就叫"特权",人民群众最痛恨的就是特权。

苏联共产党亡党亡国,很大程度就是因为背离了人民群众的利益,搞了自己的特权,并一再扩张,人民群众看不下去了。当时苏联科学院有个民意调查:你认为苏联共产党代表谁的利益? 85%的人认为代表的是特权阶层的利益,而不是工人阶级的利益。当叶利钦下令接收共产党上千栋办公大楼的时候,各个党组织几乎没有抗议的声音,大家默默接受了苏联解体、苏共丧失执政地位的现实。这个党已经不能代表人民群众的利益了。

中国共产党是中国工人阶级的先锋队,同时是中国人民和中华民族的先锋队,是中国特色社会主义事业的领导核心,代表中国先进生产力的发展要求,代表中国先进文化的前进方向,代表中国最广大人民的根本利益。党的最高理想和最终目标是实现共产主义。正是因为中国共产党代表人民的利益,人民就拥护支持中国共产党,自觉接受党的领导。

美国的两党制表面代表不同方面的利益,但这种"跷跷板"游戏只不过是方便资本家集团每过一段时间挑选更合适的政治代理人而已,基本群众,尤其社会底层的利益无人代表。中国共产党代表全体中国人民的利益,全国人民就都拥护党、支持党,党就能够长期执政,这就是理论的逻辑。

（三）坚持党的全面领导的实践逻辑

在实践中我们党的确就是按照自己的性质、宗旨去做的。毛泽东同志从小立大志,学生时代,他和同学们约定"三不谈",即不谈金钱,不谈男女之间的事,不谈家务琐事,而是谈国家、民生、宇宙、未来、世界。1910年秋天,17岁的毛泽东考入湖南湘乡县立东山高等小学堂。临行前,毛泽东改写一首七言绝句夹在父亲的账簿里:"孩儿立志出乡关,学不成名誓不还。埋骨何须桑梓地,人生无处不青山。"[1]新中国建立后,为避免成为像国民党那样"一人得道、鸡犬升天"的政党,避免脱离群众,形成特权,毛泽东同志对于凡是要求他帮助找工作的,坚持做到不介绍、不推荐、不说话、不写信这四个"不"。杨开慧之兄杨开智写信提出想到北京工作,毛泽东同志写回信劝阻:"希望你在湘听

①

参见金冲及:《毛泽东传（1893—1949）》,中央文献出版社2004年版,第9页。

①
《毛泽东年谱(一九四九——一九七六)第一卷》,中央文献出版社2013年版,第8页。

候中共湖南省委分配合乎你能力的工作,不要有任何奢望,不要来京。湖南省委派你什么工作就做什么工作,一切按正常规矩办理,不要使政府为难。"同日,毛泽东同志给时任湖南军政委员会委员、长沙军管会副主任王首道写信明确说:"杨开智等不要来京,在湘按其能力分配适当工作,任何无理要求不应允许。"①毛泽东同志以身示范、严格自律、自觉抵制特殊化。

又比如陈独秀,他已经是北京大学教授、文科学长,是学界巨擘泰斗,当时北京大学学长的薪酬分为四等,一级为450元、二级为400元、三级为350元、四级为300元,陈独秀的文科学长为四级,薪酬300元。当时河北全省小学教师月薪最高不超过24元,最低16元,平均仅20元;乡村小学教师仅有4至5元。像陈独秀这样既高又稳的收入,完全可以过着非常体面的生活,如果只是考虑自己利益的话,根本没有必要去革命,而他为什么去革命? 就是为了民族和国家。

革命就意味着有可能被杀头,陈独秀的长子陈延年、次子陈乔年都成为革命烈士。

1927年6月,中共江苏省委成立后,省委机关位于上海施高塔路恒丰里104号(现山阴路恒丰里90号),陈延年成为首任江苏省委书记,而他6月26日下午即被反动军警逮捕。被捕后的第九天晚上,敌人将他秘密押赴刑场。行刑时,刽子手喝令他跪下,他却高声回应:革命者光明磊落,只有站着死,决不下跪! 恼羞成怒的敌人将他强按在地,乱刀砍死。

担任中共江苏省委组织部部长的陈独秀次子陈乔年,于1928年2月16日被捕。在监狱中,面对敌人的酷刑,他坚贞不屈,始终严守党的秘密。狱中同志见他受了重刑,十分难过,他却淡淡地说:"受了几下鞭子,算个啥。"牺牲前,陈乔年仍然乐观地说:"让我们的子孙后代享受前人披荆斩棘换来的幸福吧!"1928年6月6日,敌人在上海枫林桥畔将年仅26岁的陈乔年枪杀。

据《抗美援朝战争史》记载,上甘岭战役中,危急时刻拉响手雷、手榴弹、爆破筒、炸药包与敌人同归于尽,舍身炸敌地堡、堵敌枪眼等,成为普遍现象。比如舍身炸敌堡的贵州籍小战士龙世昌。美军在阵地顶部的巨石下修成地堡,猛烈的火力使我军攻击受阻。龙世昌手拎爆破筒冲上前去,敌人的炮弹将他的左腿齐膝炸断,他拖着伤腿,拼命接近地堡,将爆破筒从机枪眼塞了进去,没想到敌人又将爆破筒推了出来。龙世昌义无反顾,捡起冒着烟的爆破筒,又往里捅。捅到半截实在捅不动了,龙世

韦昌进，中共党员，1965年11月生，江苏南京人，1983年参加中国人民解放军，曾荣立一等功，现任海南省军区政治委员。几十年来，他始终保持革命军人的本色，在不同的岗位建功立业。1986年，被中央军委授予"战斗英雄"荣誉称号；1987年，出席全军英雄模范代表会议；1991年，荣获"全国自强模范"称号；2017年，被授予"八一勋章"；2018年荣获"改革先锋"称号，被颁授"改革先锋"奖章，并获评"保卫改革开放和平环境的战斗英雄"。

昌将胸脯死死地压上去，敌人的地堡被摧毁了，但年轻的志愿军英雄龙世昌献出了自己宝贵的生命。其实，这样的壮举在党的历史上还有很多。20世纪80年代中期，韦昌进在执行重大军事行动任务中，被弹片击中左眼、穿透右胸。在身负重伤的情况下，他高呼"为了祖国，为了胜利，向我开炮"。韦昌进为保卫改革开放和平环境作出巨大牺牲奉献，荣立一等功，被中央军委授予"战斗英雄"荣誉称号，被媒体和官兵誉为"活着的王成"。

在今天的脱贫攻坚战中，1800位扶贫干部倒在了一线。毕业于北京师范大学的研究生黄文秀，主动放弃大城市的工作机会，执意回到大山回报桑梓，2016年考取广西壮族自治区"选调生"，回到广西百色革命老区支援家乡建设，2018年主动请缨到深度贫困的乐业县新化镇百坭村担任驻村第一书记，开展脱贫攻坚工作。百坭村位于大山深处，村情复杂棘手，是自治区级深度贫困村，黄文秀放下架子、扑下身子，帮贫困户扫院子、干农活；不厌其烦到不愿开门的村民家"套近乎"，手绘"民情地图"牢记于心；深夜冒雨察看塌方险情、设置警示牌保护村民人身安全；带领群众因地制宜发展特色产业、通过办电商成功销售农副产品，等等。驻村一年后，黄文秀的努力换来了丰硕成果，贫困发生率降到2.71%。令人扼腕的是，2019年6月17日凌晨，黄文秀从百色连夜返回乐业途中遭遇山洪，因公殉职，年仅30岁的生命陨落在脱贫攻坚的道路上。

"选调生"

"选调生"是指由各级党委组织部门有计划地从高等院校选调品学兼优的应届大学本科及其以上毕业生到基层工作，作为党政领导干部后备人选和县级以上党政机关高素质的工作人员人选进行重点培养的群体。

我们党就是这样不惜牺牲自己，而去为人民谋利益。条条战线都有无数默默无闻的、甘于奉献的党员和干部。正是因为广大党员前仆后继、英勇斗争、奉献牺牲，才使我们的党生生不息，充满力量。

无论从理论的逻辑、历史的逻辑、实践的逻辑来看，我们党都是为人民谋利益的，是牢记初心使命的，所以，我们党能成为领导党，担当起领导民族复兴的责任。

（四）拥护"两个确立"、做到"两个维护"

党的十九届六中全会审议通过的《中共中央关于党的百年奋斗重大成就和历史经验的决议》鲜明地提出"两个确立"："党确立习近平同志党中央的核心、全党的核心地位，确立习近平新时代中国特色社会主义思想的指导地位。""两个确立"是总结中国共产党百年奋斗、党的十八大以来伟大实践得出的重大历史结论，是体现全党共同意志、反映人民共同心声的重大政治判断。反映了全党全军全国各族人民共同心愿，对新时代党和国家事业发展、对推进中华民族伟大复兴历史进程具有决定性意义。

确立领袖的核心地位，自觉维护党的核心领导，是马克思主义建党学说的基本观点。

我们党在早期由于没有一个坚强的领导核心，没有形成成熟的党中央，致使党的事业屡遭挫折，甚至面临第五次反"围剿"那样的失败。直到遵义会议确立以毛泽东同志为代表的党的正确领导，开始形成以毛泽东同志为核心的党的第一代领导集体，逐步形成了坚强的领导核心、成熟的领导体制，中国革命才从胜利走向胜利。

党的十八大以来，党和人民的事业之所以取得全方位、开创性历史成就，发生深层次、根本性历史变革，成功应对比如新冠病毒感染疫情防控、南海维权、美国发起的贸易战、香港暴乱等重大挑战，踏入新时代，启航新征程，根本在于有以习近平同志为核心的党中央领航掌舵，靠的就是党中央的判断力、决策力、行动力，其中起决定性作用的是习近平总书记。毛泽东同志曾形象地说过："一个桃子剖开来有几个核心吗？只有一个核心。"[1]邓小平同志从中国共产党长期的革命实践中深刻认识到，"中央要有权威"，"没有这一条，就是乱哄哄，各行其是，怎么行呢？"[2]深刻总结出任何一个领导集体都要有一个核心，没有

[1]
转引自《十九大党章学习讲座》，党建读物出版社2017年版，第177页。

[2]
《邓小平文选（第3卷）》，人民出版社1993年版，第277页。

核心的领导是靠不住的。正如恩格斯说过的那样，能最清楚地说明需要权威，"要算是在汪洋大海上航行的船了。那里，在危急关头，大家的生命能否得救，就要看所有的人能否立即绝对服从一个人的意志"。[①]习近平总书记展现出的坚定的斗争意志、高超的斗争策略、娴熟的斗争艺术，充分彰显出领导核心的定海神针作用。

　　"两个确立"与"两个维护"是内在统一的，深刻领悟"两个确立"的决定性意义，忠诚拥护"两个确立"，就要坚决做到"两个维护"，自觉向党中央看齐、向习近平总书记看齐、向党的理论和路线方针政策看齐，从思想上、政治上、行动上自觉同以习近平同志为核心的党中央保持高度一致，确保全党团结成"一块坚硬的钢铁"，步调一致向前进。

①

恩格斯：《论权威》，《马克思恩格斯全集（第十八卷）》，人民出版社1964年版，第357页。

第 二 章

道路抉择：

中国特色社会主义的通衢大道

中国特色社会主义道路是党和人民历经千辛万苦、克服千难万险取得的宝贵成果。中国特色社会主义道路，开拓于中国人民共同奋斗，扎根于中华大地，是给中国人民带来幸福安宁的正确道路。无论遇到什么风浪，在坚持中国特色社会主义道路这个根本问题上都要一以贯之，决不因各种杂音噪音而改弦更张。

——习近平：《在纪念中国人民抗日战争暨世界反法西斯战争胜利75周年座谈会上的讲话》，《人民日报》2020年9月4日，第2版生产方式是指社会生活所必需的物质资料的谋得方式,是物质生产方式(物质谋得方式)和社会生产方式(社会经济活动方式)的统一。自然经济和小农经济的生产方式已经在近代大工业面前败下阵来。中华民族复兴必须要工业化,但靠走资本主义老路行不通,中国特色社会主义是唯一正确的道路。

不忘初心。新华社记者　范培坤　摄

一

走资本主义道路行不通

中国发展资本主义不具备西方老牌资本主义国家资本原始积累的条件,外国资本帝国主义不允许中国真正发展资本主义,实现工业化需要国家力量推动。

（一）中国没有西方老牌资本主义
国家资本原始积累的条件

西方老牌资本主义国家，其资本原始积累一靠剥夺小农，二靠殖民掠夺。中国发展资本主义不具备这样的资本原始积累条件。

1. 对内无法剥夺小农

英国原始积累最著名的是圈地运动。那时英国的土地产权大概是三分天下，英国王室占三分之一，旧贵族、新贵族占三分之一，自耕农所占不到三分之一。比如英国北部的土地就多是国王和资产阶级新贵族的，他们看到生产呢绒利润很高，比种庄稼好多了，就把地从佃农手中收回，要求为其养羊。又因为养羊用不了那么多农民，把农民赶到城市去当纺织工人，于是出现了"羊吃人"的圈地运动。

传统中国是一个小农占绝大多数、土地高度细分的国度，用当下时兴的，也是美籍农业史学者黄宗智最早用来描述华北小农的说法即"过密化"。1986年出版的黄宗智的《华北的小农经济与社会变迁》一书中文版中，"过密化"被译为"内卷"。"过密化"或"内卷"其实不是黄宗智的发明，吉尔茨1936年的著作《农业过密化：印度尼西亚的生态变化过程》中，书名就使用了"过密化"的概念。"过密化"指的是没有发展的增长，是指经济在以单位工作日边际报酬递减为代价条件下的扩展，其关键点是劳动的超密度投入。

是什么造成了劳动的超密度投入？在中国传统社会，最大的原因是人口的增加，造成人均土地占有面积的减少，土地的细分，使劳动生产率降低。比如1850年，清朝的人口为4.3亿。当时的学者汪士铎惊呼："人多之害，山顶已植黍稷，江中已有洲田，川中已辟老林，苗洞已开深菁，犹不足养……"

人口的"过密化"造成了经济发展的"过密化"和社会的"内卷"。在这样的情况下，如果中国也采取英国的"圈地运动"的办法，农民用于耕作的土地将会更少，因为中国资本主义不发达，农民就算赶到城里去，找不到合适的工作，也会成为流民，流民规模扩大的结果是反过来摧毁封建统治的根基，从而导致皇权的轮替，出现更多诸如太平天国、义和团这样的情况。

关键是我们的党代表人民的利益。中国的地权结构不一样，我们中国人民最大的基数是农民。农民是工农联盟的基础，是我们的依靠力量，如果把这个力量推向了反面，那么我们党还是代表人民利益的党吗？也就是说，农业文明靠小农，不能挖了社会的根基，否则就会发生农民起义，就出现毛泽东与黄炎培"窑洞对"的"周期率"。所以不可能去剥夺农民，剥夺小农，不可能走资本主义那条路。

2. 对外不可能殖民

西方资本主义制度的建立、工业革命的发生都是与对外扩张紧紧联系在一起的，葡萄牙、西班牙、荷兰、英国等都是如此。而中国文化的"德施普也""天下文明"，"己所不欲，勿施于人"，也决定了中国不可能去对外殖民。比如中国明代的郑和下西洋，绝不是为了侵略别人。

1405年，明朝钦差总兵太监郑和从南京出发驶向锡兰（现斯里兰卡），他率领的船队有200余艘海船，2.7万余名船员。与之对照的是，1492年，哥伦布从西班牙加的斯出发的时候，他手下只有3艘船，90名船员。哥伦布手下最大船的排水量，只有郑和宝船的三十分之一，郑和的船队有罗盘指路，有"列道里国土，详而不诬"的海图，他对印度洋了如指掌，而哥伦布则茫然不知自己身在何方，更不必说正向哪儿驶去。

据美国历史学家爱德华·德雷尔的研究，郑和的船队堪比日后西方海军史上几支主要舰队，如1588年西班牙的"无敌舰队"以及1805年特拉法加之战中英、法、西所有舰队的总和。英国海军历史学家孟席斯发现，中国船队1421年早于哥伦布71年发现美洲大陆。[①]

郑和下西洋的目的、出发点就不是为了占领人家的地方。郑和下西洋的目的，有的说是为了寻找明朝靖难之役后失踪的建文帝朱允炆；实际上更大的一个原因，是扫清沿途侵扰我国沿海的流寇、倭寇。还有一些渔民，不打鱼的时候就搞贸易，往往

①
〔英〕加文·孟席斯著，师研群译：《1421：中国发现世界》，京华出版社2005年版，第249页。

郑和下西洋宝船

在沿线的国家，像菲律宾、马来西亚等建立定居点。这些做远洋贸易的人，有的与倭寇连在一起，经常分不清哪些是倭寇，哪些是搞贸易的；更重要的是，远洋贸易交易额是多少，赚了多少钱，怎么去收税，这是不好解决的问题。不像农民种地，种多少地就在那儿摆着，只要风调雨顺，每年收成多少大概也差不多，税收就好办得多。中国是一个传统农业国，所以叫"强本抑末"，"末"往往会影响中央的税收，影响税收就影响封建统治的利益，影响封建统治的稳固，所以自明朝开始一直到清代，都存在时紧时松的海禁甚至"迁海"政策。通常是规定离海岸多少千米不允许有人，把房子拆掉，都往里面去，既防止倭寇来抢劫，又防止沿海的人们下海。

再说郑和下西洋，一个是去把我国外出远洋的一些人在沿线建的定居点拆掉，甚至把一些头领押解回来，有的还杀掉了；再一个是郑和回访一些朝贡国，有来无往非礼也，人家来给我们进贡，我们也要答谢人家，所以郑和的船队带了很多丝绸、瓷器、茶叶等，加倍回馈给人家。

中华文化就是这样，你家孩子结婚人家给礼金多少钱，等人家孩子结婚，再给那么些就感觉不太合适，往往会多给一点，叫"抬抬头"。所以郑和下西洋，从经济的角度是不可持续的赔本"生意"，明朝后期国库亏空以后，这个钱根本就出不起了，再说上万人的船队本身就要开销，后来就停止了。

中国文化的基因决定了中国不可能对外殖民。

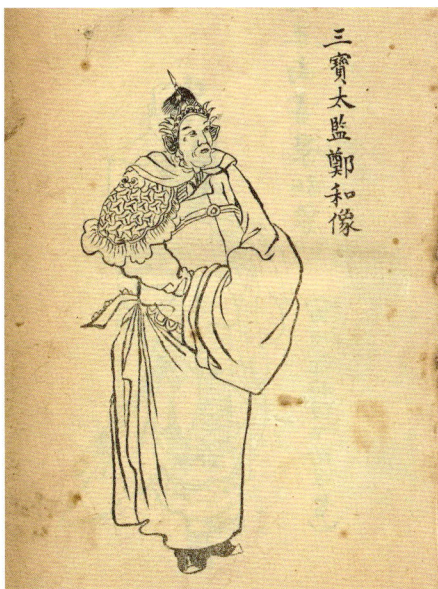

三宝太监郑和

（二）资本帝国主义不允许中国真正发展资本主义

资本帝国主义不允许中国真正发展资本主义，即使我们想通过走资本主义道路去实现工业化，那也是不可能走得通的，因为资本主义国家不允许我们真正搞工业化。

自近代资本帝国主义撬开中国大门之后，对中国民族工业一直采取排挤和压榨政策。外国资本主义迫使中国签订不平等条约、支付巨额战争赔款、容忍大量商品倾销，导致中国资金外流，加剧了中国资本的短缺；资本帝国主义势力在中国扶持代理人，支持军阀拥兵自重，造成军阀混战、兵连祸结、局势动荡，导致中国的经济建设缺乏和平环境；帝国主义列强在中国设立工厂，开采矿产，修筑铁路，享受特权，与中国民族企业争夺市场。

比如民国历史上著名的荣氏家族，在江浙一带有很多棉纺织工业，荣毅仁的大伯荣宗敬在一封信中曾说过一段话："弟经营纺织业三十余年，困难未有甚于今日者。外厂竞争，外货倾销，农村破产，纱销呆滞，而所担负之统税、利息两项，年在千万以上。现状如斯，何能持久？"[①]

① 上海社会科学院经济研究所编：《荣家企业史料》上册，上海人民出版社1962年版，第412页。

荣氏纺织企业申新九厂织布车间

连青帮的头子杜月笙都说："洋商势力渐由通商口岸而伸入内地，华商降为代理行，经手取佣而已。"[1]

轮船招商局、开平矿务局和汉冶萍公司也有类似情况。

汉冶萍公司总经理盛宣怀写道："前三年宣怀曾纠集华股赴部注册购机，在沪设厂。乃为英美公司跌价倾轧，尽数亏折。并闻华商大小二十余厂，无不亏累停止。盖英美烟草公司资本甚巨，不惜重资招摇垄断。""喧宾夺主，莫此为甚。"[2]

近代中国在外国资本的垄断倾轧之下，许多企业破产了，许多企业被外国资本收购了；中国商人最后变成一个总代理就不得了了，拿点佣金就算不错了。

孙中山在1917年2月着手撰写《实业计划》，又叫《国际共同发展中国实业计划》。这是他关于振兴中国实业，实现国民经济近代化的规划性专著。1919年用英文写成，由朱执信、廖仲恺等译成中文。《实业计划》主要内容是：在中国北部、中部及南部沿海，修建三个世界水平的大海港，即位于渤海湾青河、滦河口之间的北方大港，位于东海杭州湾乍浦、澉浦之间的东方大港，位于南海珠江口外的南方大港；以三大港为中心，在中国北部、东部和南部由沿海至内地整修水道，修建一系列二三等海港及渔业港；按中央、东南、西北、东北、高原五大铁路系统修建十万英里铁路，组成遍布全国的铁路网；全面开采煤、铁、石油等矿藏和兴办冶炼、机械制造工业；发展食、衣、住、行、印刷等基本生活资料生产，发展满足人民衣食住行需要的近代工业，实现农业机械化等。

如何才能实现上述计划？孙中山在书中明确提出："唯发展之权，操之在我则存，操之在人则亡。此后中国存亡之关键，则在此实业发展之一事也。"[3]

孙中山面对西方垄断资本对中国中、小资本的排挤、压迫，认为实现其计划，没有国家主权一切免谈。在中国，要发展民族工业，必须得有独立的主权，这样发展权才能牢牢抓在我们自己手中。

（三）实现工业化需要国家力量的推动

实现工业化的基本路径有两条，一条是依靠市场，一条是依靠国家、政府。而考察英国、美国、法国、德国这些老牌资本主义国家，其工业化无不是国家支持的结果。

[1] 中国通商银行编：《五十年来之中国经济》，1947年版，第33页。转引自汪敬虞：《近代中国资本主义的发展和不发展》，《历史研究》1988年第5期。

[2] 北京大学历史系近代史教研室整理：《盛宣怀未刊信稿》，中华书局1960年版，第188页。

[3] 《建国方略之二实业计划（物质建设）》，《孙中山选集（上）》，人民出版社2011年版，第221页。

1. 老牌资本主义国家的殖民掠夺、开辟新航路、发动战争

英国等这些老牌的资本主义国家，它们的工业化根本上靠国家的支持，尤其是对殖民地的占领，新航路的开辟，世界市场的开拓等，甚至都是军队冲在最前头。

不仅如此，欧洲贸易中心的转移，比如从地中海沿岸为中心，到伊比利亚半岛为中心，再转到以西北欧为中心，在转移的同时，欧洲贸易圈范围逐渐扩大，从地中海周边逐渐扩张到世界范围内，一个重要原因是政府采取武装贸易的方式支持本国商人。

谁占领了商路，谁就垄断了贸易，谁就获得了垄断利润。政府以武力为先锋开路，帮助商人开拓市场，排挤掉竞争对手，掠夺殖民地财富，反过来促使国家进一步强大。而后起的国家，也无不是在海外贸易中以武力排挤掉原有国家。

军队是典型的国家机器。威尼斯成为欧洲贸易中心，得益于十字军东征。教皇乌尔班二世在1095年演说中直言不讳地指出，欧洲太过狭窄，不能容纳稠密的人口，财富也不多，所产粮食几乎不够供应种田的人们。因此十字军东征的宗教战争演变成以武力为意大利商人开拓市场的军事行动。这样的言行颇似奥巴马在澳大利亚演讲的观点，"如果10多亿中国人都过上了和美国与澳大利亚同样的生活，那将是人类的悲剧和灾难，地球根本承受不了"。

西方世界的崛起是在政府包括军队的支持下，以牺牲其他民族和地区人民的福祉为前提而发展起来的。西方一开始对黄金、白银、棉花、粮食、石油、市场、航路的攫取，无不是以各种借口采取武力开路而实现的掠夺和垄断。

借助十字军东征，威尼斯在耶路撒冷建立起具有商业价值的殖民地，真正移入殖民地境内居住的人，是从地中海沿岸港口来的商人，并且为与阿拉伯商人竞争，十字军向君士坦丁堡进攻，威尼斯分得拜占庭（东罗马）的许多领土。

1379年，威尼斯政府在商人的指使下，消灭了热那亚的舰队，取得通往亚得里亚海的门户基奥贾，逐步获得地中海贸易圈的垄断权。为支持海上贸易，威尼斯政府建立起佛兰德尔大舰队对商船的保护制度，实现商人与政权力量的有效联合。

葡萄牙作为欧洲小国，它的崛起更是依靠政府军事力量对商业的支持。1415年亨利亲王率领葡萄牙舰队攻占直布罗陀海峡南边的穆斯林定居点，为寻找向东方的航路奠定基础。随后，葡萄牙舰队沿非洲西海岸一路南下，进入非洲撒哈拉以南地区，掠夺大量黄金、奴隶，并取得奴隶贸易的垄断权。1453年，奥斯曼土耳其帝国发起灭亡拜占庭帝国的君士坦丁堡战役。君士坦丁堡战役导致连接欧亚两洲的主要陆上贸易路线中断，令很多欧洲人开始认真考虑经海路到达亚洲的新航路。1497年，葡萄牙国王派遣达·伽马探索抵达印度的新航路，还组建一支拥有13艘战舰、1200名战斗人员的庞大军队，以配

合向印度新航路的开辟，以及对印度洋的贸易扩张。1502年，达·伽马率领这支已经增加到30艘战舰的远征军队，对长期在印度洋贸易的埃及贸易船队及其贸易中心利库特进行毁灭性打击，实现了从好望角赴亚洲贸易的愿望，从而逐步开辟出从里斯本出发，经过大西洋群岛，沿非洲西海岸绕过好望角到东非，再穿越印度洋到果阿和马六甲，向东至中国澳门的航路。葡萄牙在世界各地建立商站，构建起庞大的贸易网络。

西班牙同样走的是国家重商主义的道路。1492年，西班牙国王支持哥伦布远洋探险，寻求新航路，发现美洲新大陆；1519年，支持麦哲伦继续远洋探险；到16世纪中期，西班牙建立起在美洲的庞大殖民地。与葡萄牙主要通过建立商站制度构建贸易网络不同，西班牙采取的是建立殖民政权——总督府，通过总督府直接掌握美洲民政、军政、司法大权，以此进行贸易垄断与剥削。从1542年开始，西班牙实行军舰为商船护航的"双船队制"。

荷兰和英国作为新兴的资本主义国家，在国家支持贸易和殖民统治上，采取了更为先进的国家支持下的政府与商人联合组建贸易公司的制度。

1609年，在西班牙统治下的荷兰（尼德兰）经过半个世纪的独立战争后，终于签订休战协定，在实际上得到西班牙承认而独立，成为世界上第一个资产阶级掌权的国家。荷兰在建立起强有力的政权之后，开始通过武装夺取西班牙和葡萄牙的殖民地和世界市场，同时极力打压正在崛起的英国。荷兰成立国家支持的商人公司，并赋予其政治、军事权力，提供武装支持。这样既保证其有力量垄断贸易，又采取市场化运作确保贸易效率。1602年荷兰成立东印度公司。东印度公司具有从好望角到麦哲伦海峡间的贸易垄断权，建立有41艘武装战舰的军队，享有与其他国家签订条约等特权。

17世纪中期以前，英国还不是欧洲海上贸易大国，但那个时候，它就已经重视武装贸易了。英国在没有力量与葡萄牙、西班牙相抗衡时，采取的是海盗掠夺的办法。伊丽莎白女王直接向海盗头子德雷克、霍金斯和雷利等人组织的海盗集团投资，提供海军战舰，支持海盗捕捉黑人，开展黑奴贸易和抢劫。西班牙在墨西哥、秘鲁和玻利维亚强迫印第安人开采金矿，然后运回伊比利亚半岛。在16世纪，从美洲进入西班牙的金银持续增长。这些金银都经过秘鲁由海船运至巴拿马海峡，然后由骡群驮到停泊在大西洋港口的西班牙船上。英国海盗掌握这条商路情况后，横渡大西洋进行抢劫，得到英王赞赏，后来发展到抢占西班牙在美洲的殖民地。1588年，英国战胜西班牙无敌舰队，为其建立海上霸权奠定基础。而在与西班牙无敌舰队的战斗中，指挥英国舰队的正是海盗头子、海军大将德雷克。

1600年，英国建立东印度公司。同荷兰东印度公司一样，这哪是简单的一个公司？比如1670年英国国王查理二世发布五条法律，授予东印度公司自主占领地盘、铸造钱币、指令要塞和军队、结盟和宣战、签订和平条约以及在被占据地区就民事和刑事诉讼进行审判等权利。这些所谓"公司",其实是殖民政府,有军队,有对外签约和开战的权利。

与西方殖民国家的崛起正好相反,明朝后期西方殖民者东来,没有国家武装支持的中国商人,常常成为其他国家军队或者海盗侵犯的对象,海上贸易受到极大损害,倒逼海禁政策和闭关锁国的实施。

1511年,葡萄牙军队攻占马六甲,造成我国海外贸易的商船不能直接同苏门答腊西北部的亚齐进行贸易。贸易额大幅下降。1510年左右,每年有8—10艘中国商船到达马六甲,而1513年仅有4艘。一些中国商人被迫自己组织武装力量保护贸易安全,有的甚至不得不打着外国殖民者的旗帜进行贸易,但这些都无法从根本上解决问题。后来还发生了西班牙殖民者在马尼拉对我国商人的惨无人道的屠杀事件。据陈子龙《明经世文编》记载,明朝政府对我国商人被屠杀事件的反应是:"商贾弃家游海,压冬不回,父兄亲戚,共所不齿,弃之无所可惜,兵之反以劳师……"[1]对他们的生命财产权利受到威胁和损害视而不见,不管不顾。

2. 西方自由贸易的"遮羞布"

当资本帝国主义发展起来,占据市场优势,轻而易举攫取高额垄断利润之后,就开始高唱自由贸易了。这些国家开始声称不要政府干预、实现自由竞争。它们位居绝对垄断地位,竞争的结果自然是一茬一茬地剪落后国家的羊毛。但是,当它们面临失去垄断地位的危险,就会很快撕掉自由贸易的"遮羞布",国家和政府又冲到前头了。

依据比较优势原则,按照亚当·斯密的专业分工理论,专业化分工最有效率。比如,美国的芯片设计生产最有比较优势,那应该大力生产、自由贸易啊,为什么实行禁运、控制呢?美国芯片企业为什么就不把芯片卖给中国呢?看来,在一直标榜新自由主义的美国,政府照样是在干预企业、干预经济。所谓绝对自由的市场经济在世界上是不存在的。

如果真的按照国际分工理论,自由地发展世界贸易关系,按美国历史学家、斯坦福大学弗格森(Niall Ferguson)的观点,美国是最大的消费国,中国是最大的生产国,天然互补。弗格森曾乐观地认为,21世纪将由中美共治天下。弗格森和一位经济学家在2006年甚至生造了一个英文单词"Chimerica",即"中美联生共同体"。而现实恰恰与弗格森的判断相反,美国政治学者

[1] 参见[明]徐学聚:《报取回吕宋囚商疏》,[明]陈子龙等编:《明经世文编》卷433,中华书局1962年版,第4728页。

格雷厄姆·艾利森（Graham Allison）于2012年8月22日在《金融时报》发文断言："定义未来几十年全球秩序的问题将会是，中国和美国能够避免'修昔底德陷阱'吗？"到2015年9月24日，在习近平总书记访问美国即将与美国总统奥巴马会晤前一天，艾利森在《大西洋月刊》发文，提出下一个十年，即2025年前——中美发生战争的可能性，而使"修昔底德陷阱"成为中美学界政界讨论的重大热点问题。特朗普上台后，美国政府对中国的一系列限制甚

> **修昔底德陷阱**
>
> 　　古希腊著名历史学家修昔底德认为，当一个崛起的大国与既有的统治霸主竞争时，双方面临的危险正如公元前5世纪希腊人和19世纪末德国人面临的情况一样，多数以战争告终。

至敌对措施集中出台，中美经济"脱钩"论甚嚣尘上。拜登政府上台后，更是极力在经济上构建去中国化的"印太经济框架"，在科技、供应链等方面着手构建"反华联盟"，军事上还在力图构建"亚洲版北约"等。标榜新自由主义的美国，为遏制中国发展已不顾吃相难看，其政府对经济发展的干预和作用也可窥斑见豹。

3. 国家和市场："一体两面"

实现工业化既需要国家力量的"加持"，又需要市场作用的发挥，正如硬币的"一体两面"。

孙中山在《实业计划》里写道："发展之权操之在我则存，操之在人则亡。"中国要发展民族工业，必须得有独立的主权，这样发展权才能抓在我们自己的手中。孙中山认为："中国两种革命必须同时并举，既废手工采机器，又统一而国有之。""中国实业之开发应分两路进行，（一）个人企业、（二）国家经营是也。"凡适宜个人经营的事业，应任个人为之；凡不能委诸个人以及具有垄断性质的事业，则必须由国家负责经营。[①]

1924年国民党一大通过的宣言，对三民主义作出新解释。其中，民生主义以平均地权和节制资本为两大原则。平均地权是指："私人所有土地，由地主估价呈报政府，国家就价征税，并于必要时依报价收买之"；"农民之缺乏田地沦为佃户者，国家当给以土地，资其耕作"。节制资本是指："凡本国人及外国人之企业，或有独占的性质，或规模过大为私人之力所不能办者，如银行、铁道、航路之属，由国家经营管理之，使私有资本制度不能操纵国民之生计。"[②]

孙中山的实业计划，就是国家主导下完成工业革命和实现国家工业化的全局性综合性的规划。

① 参见《建国方略之二实业计划（物质建设）》，《孙中山选集（上）》，人民出版社2011年版，第224页、第227页。

② 《中国国民党第一次全国代表大会宣言（一九二四年一月二十三日）》，《孙中山选集（下）》，人民出版社2011年版，第616页。

①
《习近平在中共中央政治局第二十八次集体学习时强调立足我国国情和我国发展实践发展当代中国马克思主义政治经济学》,《人民日报》2015年11月25日,第1版。

②
《习近平总书记的两会声音》,《人民日报》(海外版)2016年3月16日,第1版。

国有企业是中国特色社会主义的重要物质基础和政治基础。党的十八大以来,习近平总书记对国有企业深化改革和健康发展极为重视,他一再强调,要坚持"公有制主体地位不能动摇,国有经济主导作用不能动摇,这是保证我国各族人民共享发展成果的制度性保证,也是巩固党的执政地位、坚持我国社会主义制度的重要保证"。①必须理直气壮做强做优做大国有经济,不断增强活力、影响力、抗风险能力,实现国有资产保值增值。"对国有企业发展,政府的作用更多体现在支持、扶持、杠杆作用,但没有现存的'金娃娃'摆在那里。在这种情况下,国有企业要深化改革,要'借东风',激发内生动力,在竞争中增强实力。"②

充分发挥市场在资源配置中的决定性作用,更好发挥政府作用,推动有效市场和有为政府更好结合。资本短期强烈的逐利性,会遏制或者扼杀其他的技术创新;资本通过垄断而获取超额利润,从而损害广大消费者和社会的整体利益;资本在无序扩张中,通过对社会媒体甚至对政治的渗透,形成利益集团,影响社会治理和民生等。这些由资本的本性所决定的自身无法克服的弊端,单靠市场是无法解决的,需要更好地发挥政府作用。

民营经济是我们党长期执政、团结带领全国人民实现强国建设、民族复兴目标的重要力量。党的二十大报告明确指出:"坚持和完善社会主义基本经济制度,毫不动摇巩固和发展公有制经济,毫不动摇鼓励、支持、引导非公有制经济,充分发挥市场在资源配置中的决定性作用,更好发挥政府作用。"

改革开放以来,我国经济发展能够创造中国奇迹,民营经济功不可没。党和国家出台一系列鼓励引导支持民营经济发展的政策措施,为各类所有制企业营造了公平、透明、法治的发展环境。近年来,党和国家为扶持发展中小企业,实施中小企业创新能力和专业化水平提升工程,健全创新型中小企业梯度培育体系,大力培育"专精特新"企业。民营经济前途不可限量。中央要求大力支持和引导民营经济发展,非公有制经济同公有制经济一样,平等使用生产要素,公平参与市场竞争,同等受到法律保护,促进各种所有制经济优势互补,共同发展。领导干部要为民营企业办实事、解难题,构建亲清政商关系,要推动经济发展在法治轨道上运行,恪守契约精神,依法保护民营企业产权和企业家权益,促进民营经济发展壮大。

（四）主要为推进工业化而缩短新民主主义进程

实现国家的工业化需要国家力量推动，而在既不可能也不会对外殖民，又不能像英国圈地运动那样剥夺小农的条件下，如何强化国家整合资源的能力，更好地促进工业化发展，这是摆在中国共产党人面前需要回答和解决的问题。

在中国共产党领导人民完成了近代社会反帝反封建历史任务之后，建立一个什么样的社会，这一直是我们党在思考和探索的一个重大问题。

1939年12月15日，毛泽东同志在《中国革命和中国共产党》一文中首次提到新民主主义。他认为：“中国现时的革命阶段，是为了终结殖民地、半殖民地、半封建社会和建立社会主义社会之间的一个过渡的阶段，是一个新民主主义的革命过程。”[①] “在革命胜利之后，因为肃清了资本主义发展道路上的障碍物，资本主义经济在中国社会中会有一个相当程度的发展，是可以想象得到的，也是不足为怪的。”[②] 但是，由于社会主义的因素，便使中国资产阶级民主主义革命的最后结果是避免资本主义前途，实现社会主义前途。

1940年1月19日，毛泽东同志在《新民主主义论》中，进一步阐明新民主主义革命的胜利，“决不是也不能建立中国资产阶级专政的资本主义的社会，而是要建立以中国无产阶级为首领的中国各个革命阶级联合专政的新民主主义的社会”，新民主主义共和国既不同于资本主义的共和国，也不同于社会主义的共和国，“这是一定历史时期的形式，因而是过渡的形式，但是不可移易的必要的形式”。[③]

按照新民主主义理论，中国革命必须分成两步走。第一步为无产阶级领导的资产阶级性质的民主革命，第二步为无产阶级性质的社会主义革命，在两个革命之间，不容横插一个资产阶级专政，而是建立一个由无产阶级领导的，既非资本主义也非社会主义的新民主主义社会。新民主主义国家的历史任务，是实现国家的工业化，为社会主义奠定物质基础。

1944年3月，毛泽东同志在中央宣传工作会议上指出：“现在我们建立新民主主义社会，性质是资本主义的，但又是人民大众的，不是社会主义，也不是老资本主义，而是新资本主义，或者说是新民主主义。”[④]

[①] 《中国革命和中国共产党》，《毛泽东选集（第2卷）》，人民出版社1991年版，第647页。

[②] 《中国革命和中国共产党》，《毛泽东选集（第2卷）》，人民出版社1991年版，第650页。

[③] 《新民主主义论》，《毛泽东选集（第2卷）》，人民出版社1991年版，第672页、第675页。

[④] 《关于陕甘宁边区的文化教育问题》，《毛泽东文集（第三卷）》，人民出版社1996年版，第110页。

①
《论联合政府》,《毛泽东选集(第3卷)》,人民出版社1991年版,第1060页。

②
参见《在中国共产党第七次全国代表大会上的口头政治报告(一九四五年四月二十四日)》,《毛泽东文集(第三卷)》,人民出版社1996年版,第323页。

③
中共中央文献研究室编:《中华人民共和国开国文选》,中央文献出版社1999年1版,第327页。

1945年4月,毛泽东同志在七大提交的书面政治报告中,再次强调:"有些人不了解共产党人为什么不但不怕资本主义,反而在一定的条件下提倡它的发展。我们的回答是这样简单:拿资本主义的某种发展去代替外国帝国主义和本国封建主义的压迫,不但是一个进步,而且是一个不可避免的过程。它不但有利于资产阶级,同时也有利于无产阶级,或者说更有利于无产阶级。"①毛泽东同志在中共七大上就《论联合政府》书面政治报告作口头说明时,对广泛发展资本主义只有好处、没有坏处的问题,指出党内有些人在相当长的时间里是搞不清楚的,在党内存在一种民粹派的思想,这种思想在农民出身的党员占多数的党内是会长期存在的。所谓民粹主义,就是要直接由封建经济发展到社会主义经济,中间不经过发展资本主义阶段。俄国的民粹派就是这样。我们的同志对消灭资本主义急得很,是太急了。②

1948年4月,毛泽东同志在晋绥干部会议上对农业社会主义作了进一步批判,7月以新华社信箱名义发表《关于农业社会主义的问答》。

党的七届二中全会提出由农业国变为工业国的历史任务,对由新民主主义社会发展到将来的社会主义社会,只是指示了基本方向。中国人民政治协商会议第一届全体会议通过的《共同纲领》也没有写进社会主义的内容。刘少奇在政协第一届全体会议上代表中国共产党对此作的说明是:"这个共同纲领,在协商过程中,有些代表提议把中国社会主义的前途写进共同纲领中去,但是我们认为这还是不妥当的。因为要在中国采取相当严重的社会主义的步骤,还是相当长久的将来的事情,如在共同纲领上写上这一个目标,很容易混淆我们在今天所要采取的实际步骤。"③那时的设想,是先搞15年或20年的新民主主义建设,等到工业发展了,国营经济壮大了,才可以"采取相当严重的社会主义的步骤",进一步实现资本主义工商业的国有化和个体农业的集体化。

但是,到了1952年,原来的设想开始发生变化。这年9月,毛泽东同志讲,十年到十五年基本上完成社会主义,不是十年后才开始向社会主义过渡。11月他又说,要消灭资产阶级,消灭资本主义工商业;但要分步骤,一是要消灭,一是还要扶持一下。显然,这是说,从现在起就要向社会主义转变。党中央也认为,制定过渡时期总路线,明确地向全党和全国人民提出向社会主义逐步过渡的任务,现在是适时的和必要的了。

二

迅速建立社会主义制度

为什么匆忙结束新民主主义道路,迅速进入社会主义道路呢?

（一）突破"安全陷阱"和"贫困陷阱"

匈牙利学者雅诺什·科尔奈在其著作《社会主义体制：共产主义政治经济学》里论述道，"在所有落后的国家里，不管有没有建立社会主义体制，都有一种所谓'后来者'的急迫和压抑心态，深切地感到严重落后于那些更为发达和富裕的国家。"[①]一个像中国这样曾经辉煌、在近代又备受欺凌的大国尤其如此。而这种心态直接影响着后发国家在工业化初期对资源配置方式和发展战略的选择。

新中国建立之初，一穷二白、百废待兴，正如《为动员一切力量把我国建设成为一个伟大的社会主义国家而斗争——关于党在过渡时期总路线的学习和宣传提纲》里边说的，我们能生产什么？能生产桌子、椅子、茶碗、茶壶，能够生产小麦，还能磨成面，但一辆拖拉机、一辆坦克、一辆汽车、一架飞机都生产不出来，那怎么搞工业化、现代化呢？尤其是1951年，抗美援朝战争中，美军总司令麦克阿瑟要求杜鲁门总统对中国使用核武器。战争就是在打钢铁、打工业。没有工业化就没有国防的现代化，就不可能确保国家安全。所以贫困陷阱带来的一定是安全陷阱，特别是一个新兴的国家，后发的国家，它往往从心理上都有一个要迫切发展，加快发展的心理需求，无论是在经济上，还是在国防上。因此，《宣传提纲》强调："因为我国过去重工业的基础极为薄弱，经济上不能独立，国防不能巩固，帝国主义国家都来欺侮我们，这种痛苦我们中国人民已经受够了。如果现在我们还不建立重工业，帝国主义是一定还要来欺侮我们的。"[②]

作为一个典型的传统农业大国，新中国成立之初工业产值在国内生产总值中的占比不到20%，而且是以轻工业为主。1952年钢产量已是1949年的3倍，但也仅有美国的1/57，人均是美国的1/224。1949年中国钢产量人均可以打一把镰刀，1952年也仅仅能打一把铁锹。1952年中国城乡人均储蓄只有1.5元，国家的外汇储备只有1.39亿美元，财政总收入只有183.7亿元，用于经济建设的资金尚不足100亿元。国家有限的财力与即将开始的经济建设所需要的巨额资金之间存在着巨大的缺口。

在外部，中国受到西方国家政治与经济上的孤立和封锁，以及与苏联东欧社会主义国家的经济同构，又决定了新中国只能

①
〔匈牙利〕雅诺什·科尔奈：《社会主义体制：共产主义政治经济学》，张安译，中央编译出版社2007年版，第153页。

②
《为动员一切力量把我国建设成为一个伟大的社会主义国家而斗争——关于党在过渡时期总路线的学习和宣传提纲》，《建国以来重要文献选编》第4册，中央文献出版社1993年版，第705页。

在半封闭的状态下发展内向型经济，这意味着中国必须依靠自身，迅速而大规模地积累资本，以便启动工业化进程。而有限和分散的农业剩余，几乎是我们获取这种积累的唯一途径。

因此，1953年公布的党在过渡时期的总路线提出："从中华人民共和国成立，到社会主义改造基本完成，这是一个过渡时期。党在这个过渡时期的总路线和总任务，是要在一个相当长的时期内，逐步实现国家的社会主义工业化，并逐步实现国家对农业、对手工业和对资本主义工商业的社会主义改造。这条总路线是照耀我们各项工作的灯塔，各项工作离开它，就要犯右倾或左倾的错误。"[①]

在这里的"逐步过渡"，按照毛泽东同志的说法，是要三个五年计划就是十五年，并且是基本上完成，而不等于全部完成。

其中的原因，也正如毛泽东同志在1939年提出新民主主义时设想的，新中国成立后所要建立的新民主主义，其时间跨度涵盖了中国实现工业化的整个过程。当然毛泽东同志在论述新民主主义时的过渡时期与1953年党在过渡时期总路线中的过渡时期并不是一回事。

① 中共中央文献研究室：《建国以来重要文献选编（1949—1965）》（第五册），中央文献出版社2011年版，第404页。

（二）苏联的影响

苏联走了社会主义道路，这是榜样的力量，自不待言。

但是，1943年，当时斯大林为了让美国和英国开辟第二战场，尽快打败德国法西斯，解散了第三国际。后来，南斯拉夫共产党总书记铁托到莫斯科访问，建议重新成立一个共产党的国际组织，斯大林同意了。1947年，欧洲九国共产党与工人党情报局在贝尔格莱德成立，里边包括苏联，并且由苏联主导。到了第二年，欧洲九国共产党与工人党情报局就开会批铁托，说铁托倾向于欧美，想倒戈和背叛社会主义阵营。苏联发动各国共产党和工人党批评铁托，并且从南斯拉夫撤走专家、撕毁合同。这是一个不太引人注意的因素，但这个事情，在毛泽东同志对新民主主义社会的设想上产生了很大影响。

（三）抗美援朝战争的爆发

新中国建立不久就爆发的抗美援朝战争，再加上"三反""五反"运动，加速了党建立社会主义制度的进程。中美在朝鲜战场装备上的差距,对我国实现工业化提出迫切要求。为支援战争,全国上下掀起抗美援朝、保家卫国运动,出现了如常香玉捐赠飞机这样的感人故事。但也出现一些令人扼腕不齿的问题。比如,上海有些不法资本家大发国难财,在战争物资供应上大动手脚。一些资本家竟然用废旧汽油桶的铁皮去生产供前线挖堑壕的铁锹。朝鲜半岛的地质结构属花岗岩和石灰岩,比如上甘岭所在的五圣山就是花岗岩,这样的铁锹一挖就卷刃了,没法用了。急救用的棉纱纱布,不法商人用旧棉花加工,许多伤员因此受感染而牺牲。

这一系列问题都促成了我们党于1953年公布了党在过渡时期的总路线,改变了毛泽东同志原来对于新民主主义社会的设想。

上甘岭前线炮兵部队

（四）摊薄工业成本

　　工业的成本，最大的构成来自生产原料和劳动力成本。那时轻工业70%的原料来自农产品，比如青霉素就是用粮食作为主要原料来生产的。随着全国土地改革运动的结束，我国农村生产单位更加小农化，生产什么、生产多少，完全由家庭自己说了算。发展工业需要的原料、口粮收购以及人员调配都存在困难。而新中国成立之初，陈云在领导上海粮食风潮的斗争中，积累了丰富的粮食统购统销的经验。这些都成为加快实现农业社会主义改造，建立社会主义制度的重要因素。通过对农村生产关系的改变，建立集体经济，以集体经济组织向国家缴纳余粮，并且长期存在的工农业剪刀差，使农业有力地支援了工业，摊薄了中国发展工业的成本，加之苏联援建的156个重点项目的推进，为中国迅速地建立起比较完整的工业体系打下了基础。

　　到了1956年，社会主义制度基本建立，党的八大正式宣告中国进入社会主义社会。

三

改革开放之前与之后的关系

　　习近平总书记指出:"我们党领导人民进行社会主义建设,有改革开放前和改革开放后两个历史时期,这是两个相互联系又有重大区别的时期,但本质上都是我们党领导人民进行社会主义建设的实践探索。中国特色社会主义是在改革开放历史新时期开创的,但也是在新中国已经建立起社会主义基本制度、并进行了20多年建设的基础上开创的。虽然这两个历史时期在进行社会主义建设的思想指导、方针政策、实际工作上有很大差别,但两者决不是彼此割裂的,更不是根本对立的。不能用改革开放后的历史时期否定改革开放前的历史时期,也不能用改革开放前的历史时期否定改革开放后的历史时期。"[1]改革开放前的社会主义实践探索为改革开放后的社会主义实践积累了条件,改革开放后的社会主义实践探索是对前一个时期的坚持、改革、发展。

① 《毫不动摇坚持和发展中国特色社会主义》,《习近平谈治国理政(第一卷)》,外文出版社2018年版,第22—23页。

（一）前一个时期为后一个时期发展提供条件

社会主义制度基本建立之后，对于如何在中国这个相对落后的东方大国建设社会主义，党一直在探索摸索。一开始党号召全面学习苏联经验，但很快察觉到苏联模式未必适合中国国情，何况其自身也存在不少局限。于是，毛泽东同志提出要把马克思列宁主义同中国实际进行"第二次结合"，开始独立自主地探索适合中国国情的社会主义建设道路，并取得了巨大成就，为改革开放后40多年的发展提供了基础和保证。

1. 党领导人民建立起社会主义政治制度，为改革开放以来中国特色社会主义的大发展提供了根本政治前提和制度保障。党建立了人民代表大会制度，实现了人民当家作主；建立了中国共产党领导的多党合作和政治协商制度，巩固和扩大了最广泛的爱国统一战线；建立起民族区域自治制度，实现了中华民族的大团结；确立了马克思主义在意识形态领域的指导地位，为改革开放以来的大发展提供了思想基础。

2. 建立起独立的比较完整的工业体系和国民经济体系，为改革开放以来的大发展提供了经济基础。我们经常说中国有完整的工业体系，是拥有联合国产业分类当中全部工业门类的国家，中国的制造业与全球产业链供应链已深度融合。正是依靠建立社会主义制度，依靠社会主义的制度优势，我国工业很快发展起来，建立了基本完整的工业体系和国民经济体系，为今天成为世界工业生产中心，无论是从基础设施、生产设备，还是从原料、燃料等大宗商品等

庆祝我国第一颗氢弹爆炸成功

方面都提供了条件。1978年以来搞改革开放，发展乡镇企业、民营经济，其技术、资金、原材料等，也是靠我们国营经济的班底。

全国县域经济综合竞争力100强排名第一的江苏省昆山市就是一个典型的案例。昆山的崛起是从出现"星期六工程师"开始的，就是昆山的乡镇企业负责人跑到上海来，请上海的工程师周末到昆山去待一天，第二天回来继续上班，什么都不影响，这样国有企业的许多技术、资源都为昆山乡镇企业以及后来的民营企业所用，为乡镇企业、民营企业发展提供了重要支撑。

我们今天发展民营企业所必需的那些原料、燃料等大宗商品，许多从世界各地进口到国内来，大都是国有企业在运作的。这也为我们的民营经济发展创造了良好的条件和环境。

3. 在一些方面实现了跨越式发展，建立起强大的国防工业，拥有了"两弹一星"。新中国成立之初，我国面临严峻国际局势。在抗美援朝战争期间，美国国务卿杜勒斯曾叫嚣："如果不能安排停战，美国将不再承担不使用核武器的责任。"同时，美国还同蒋介石签订《共同防御条约》，提出假如台湾海峡安全受到威胁，他们有权使用原子弹。面对美国的核讹诈政策，毛泽东同志强调指出："我们现在已经比过去强，以后还要比现在强，不但要有更多的飞机和大炮，而且还要有原子弹。"[①]

在党和国家高度重视下，经一大批科学家的不懈努力，我国第一枚原子弹终于在1964年10月16日成功爆炸；原子弹爆炸两年后的1966年10月27日，中国首次进行了导弹核武器试验。1967年6月17日凌晨，中国第一颗氢弹又在罗布泊试验靶场上空爆炸成功，成功实现了导弹、氢弹与原子弹的结合。原子弹、氢弹的爆炸成功标志着我国核科技进入了世界先进国家的行列，大大加强了我国的综合国力和国防力量，有效打破了美苏两霸的核讹诈和核垄断（1969年珍宝岛事件后，苏联军方的强硬派叫嚣对中国实施核打击），奠定了我国在国际事务中的重要地位，振奋了国威、军威，极大地鼓舞了中国人民的志气，增强了中华民族的凝聚力。

4. 通过大规模的基础设施改造和投资，为后来的发展奠定了基础。其中尤其以农田改造、水利建设和重工业发展最为突出，保证了20世纪80年代农业的高速增长和城乡轻工业的快速发展。比如，实行改革开放、家庭联产承包责任制后两三年时间，我国就基本解决了吃饭问题，这很大程度上就是得益于改革开放前大规模兴修水利，进行农田基本建设，在此基础上进行生产关系层面

①
《论十大关系》，《毛泽东文集(第七卷)》，人民出版社1999年版，第27页。

的调整,调动农民生产的积极性,迅速地促进了农业生产力的大幅度提升。

5. 通过强制性地推广低成本、覆盖全社会的初等教育和医疗保障,提高了我国的人力资本水平。之所以我们能够在改革开放后迅速成为世界工厂,与我国有充足而廉价的、素质相对较高的劳动力有直接关系,一方面人力成本较低,另一方面产品质量有保证。

但同时,不可否认,也必须记取的是,由于党领导社会主义事业的经验不多,党的领导对形势的分析和对国情的认识有主观主义偏差,也犯过把阶级斗争扩大化、在所有制问题上急于求纯和在经济建设上急于求成的错误。1958年"大跃进"、人民公社化运动的开展,出现的日益严重的"一平二调""一大二公"等生产关系超越发展阶段的"左"倾错误,甚至发生"文化大革命"这样全局性的、长时间的严重错误,使党对社会主义建设道路的探索进程遭受严重挫折,给党、国家和各族人民带来严重灾难。这些刻骨铭心的教训,是我们永远不能忘却的。对于"文化大革命"前,尤其是"文化大革命"的错误,党的十一届六中全会通过的《关于建国以来党的若干历史问题的决议》、党的十九届六中全会通过的《中共中央关于党的百年奋斗重大成就和历史经验的决议》都作出了科学分析和客观评价。对于"文化大革命"更是从根本上作出彻底否定的明确结论,指出"'文化大革命'不是也不可能是任何意义上的革命或社会进步",是"十年内乱""灾难","使党、国家、人民遭到新中国成立以来最严重的挫折和损失,教训极其惨痛"。

红旗渠通水典礼。1969年7月,红旗渠配套工程全面竣工。劈山五年,挖渠十载,林县人民筚路蓝缕,前仆后继,付出了巨大的代价和牺牲,终于使红旗渠工程全面竣工。一条1500千米长的大渠像天河,像巨龙,逢山钻洞,遇沟搭桥,削平山头1250个,架设渡槽152座,凿通隧道211条,修建各类设施12408座,挖砌土石1515万立方米,盘绕在太行山的山腰,堪称人类改造大自然的一件杰作

（二）后一个时期是对前一个
时期的坚持、改革、发展

我国的改革开放事业，是在前一个时期建立和开展社会主义建设并取得巨大成就基础上进行的。改革开放后的社会主义实践探索是对前一个时期的坚持、改革、发展。

改革开放是中国的第二次革命。必须看到，如果没有改革开放让我们敞开国门、敞开胸怀、敞开胸襟，我们就不可能实现这么大跨越式的发展。

党以"真理标准问题大讨论"为开端，掀起全党范围的思想解放运动，以党的十一届三中全会的召开为标志，实现了新中国成立以来党的历史上具有深远意义的伟大转折，实现了党和国家工作重心的转移，开启了改革开放的伟大征程。

在改革开放和社会主义现代化建设新时期，党领导人民坚持和拓展中国特色社会主义道路，坚持和丰富包括邓小平理论、"三个代表"重要思想、科学发展观在内的中国特色社会主义理论体系，坚持和完善中国特色社会主义制度，呼唤出强大的社会生产力，我国综合国力大幅提升，科技实力、国防实力显著增强。1978年至2012年，国内生产总值由3645亿元增长到51.93万亿元，成为世界第二大经济体。人民生活实现了从温饱不足到总体小康的历史性跨越，推进了中华民族从"站起来"到"富起来"的伟大飞跃。

2017年6月13日，在西太平洋海域，"蛟龙"号载人潜水器离开"向阳红99"科学考察船准备进入水中，进行中国大洋38航次最后一潜。新华社记者　刘诗平　摄

　　实践雄辩地证明，中国特色社会主义是当代中国发展进步的根本方向和唯一正确道路，只有中国特色社会主义才能发展中国。改革开放后的历史时期的正确方向和巨大成就，必须充分肯定。

　　党的十八大召开以来，以习近平同志为核心的党中央，统筹推进"五位一体"总体布局，协调推进"四个全面"战略布局，解决了许多长期想解决而没有解决的难题，办成了许多过去想办而没有办成的大事，我国经济实力、科技实力、综合国力跃上新的大台阶，人民生活水平明显提高，国际影响力、感召力、塑造力显著提升。2020年以来，在新冠病毒感染疫情冲击、美国围堵打压等诸多困难挑战面前，中国共产党领导人民不畏艰难、保持定力、奋发有为，仍然保持了良好的发展势头。据国家统计局2022年2月28日发布的2021年国民经济和社会发展统计公报显示：2021年全年国内生产总值114万亿元，比上年增长8.1%，经济增长在世界主要经济体中名列前茅。根据世界银行的统计，2021年世界人均GDP是1.24万美元，我们是1.26万美元，已超过世界人均GDP水平。中国2021年GDP总量17.82万亿美元，美国是23.59万亿美元，我国GDP已达到美国的75.5%，二战结束以来还没有任何一个国家的经济总量与美国如此接近。在世界知识产权组织发布的《2021年全球创新指数报告》中，中国排名位居全球第12位，连续9年稳步提升，在一些前沿领域开始与发达国家进入并跑和领跑阶段，比如在量子信息、铁基超导、干细胞等基础前沿研究取得重大突破，探月工程、神舟飞天、北斗组网、火星探测、深海探潜等重大科技成果不断涌现，中国人有了自己的空间站。中国建成世界上规模最大的社会保障体系，形成了超过4亿人的中等收入群体，教育普及程度超过中高收入国家平均水平。脱贫攻坚战取得了全面胜利，在中华大地全面建成小康社会，14亿多人口整体进入小康社会。党领导人民走出了中国式现代化道路，创造了人类文明新形态，破解了人类社会的诸多发展难题，摈弃了西方以资本为中心的、两极分化的、物质主义膨胀的、对外扩张掠夺的现代化老路，拓展了发展中国家走向现代化的途径，为人类对更好社会制度的探索提供了中国道路和方案。

　　所以，不能采取历史虚无主义的态度来看待改革开放前后的历史时期，而是要用历史唯物主义的眼光、观点来看待。我们的今天，是一步步走过来的，没有前边的那一步，就没有今天的这一步，更没有明天的后一步。这是客观的历史过程，就像建楼房，不能只要第三层，而不要第一二层。

四

中国特色社会主义是改革开放以来党的全部理论和实践的主题

习近平总书记在十九大报告中指出，"中国特色社会主义是改革开放以来党的全部理论和实践的主题，是党和人民历尽千辛万苦、付出巨大代价取得的根本成就。"[1]中国特色社会主义制度不是从天上掉下来的，而是中国共产党团结带领中国各族人民立足中国实际和社会历史文化土壤，经过革命、建设、改革长期实践探索形成的，是将马克思主义基本原理同中国具体实际相结合进行理论、实践、制度创新的成果，具有深刻的历史逻辑、理论逻辑、实践逻辑。

[1] 《决胜全面建成小康社会，夺取新时代中国特色社会主义伟大胜利》，《习近平谈治国理政（第三卷）》，外文出版社2020年版，第13—14页。

（一）历 史 逻 辑

在几千年的中华民族的辉煌历史进程中，积淀形成包括"大道之行，天下为公""六合同风""四海一家""德主刑辅""以德化人""民贵君轻""政在养民""等贵贱均贫富""损有余补不足""法不阿贵、绳不挠曲""孝悌忠信""礼义廉耻""任人唯贤""选贤与能""周虽旧邦，其命维新""安不忘危""盛必虑衰""讲信修睦""协和万邦"，等等，事关国家制度和社会治理的丰富思想，为中国特色社会主义制度的形成奠定了深厚的历史底蕴。马克思主义与中国实际、与中国优秀传承文化相结合，形成马克思主义中国化的丰富成果，从而创新和发展了马克思主义。先进的中国人，在历经君主立宪制、议会制、多党制、总统制等各种制度模式探寻失败后，在中国共产党领导下，找到了实现民族独立、人民解放和国家富强、人民幸福的正确道路，确立了社会主义制度，推进了改革开放，开创了中国特色社会主义道路。这条道路是党和人民长期奋斗、付出巨大代价开创出来的，必须倍加珍惜，毫不动摇坚持、与时俱进发展。

（二）理 论 逻 辑

党的宗旨是全心全意为人民服务。中国特色社会主义制度以其价值理念、基本经济制度、分配方式、公共服务等制度安排，始终着眼于实现好、维护好、发展好最广大人民根本利益，着力保障和改善民生，使改革发展成果更多更公平惠及全体人民。与资本主义制度所必然带来的党派纷争、利益集团偏私、少数政治"精英"操弄等现象形成鲜明对比，具有无可比拟的先进性。习近平总书记指出："我国国家制度和国家治理体系之所以具有多方面的显著优势，很重要的一点就在于我们党在长期实践探索中，坚持把马克思主义基本原理同中国具体实际相结合，把开拓正确道路、发展科学理论、建设有效制度有机统一起来，用中国化的马克思主义、发展着的马克思主义指导国家制度和国家治理体系建设，不断深化对共产党执政规律、社会主义建设规律、人类社会发展规律的认识，及时把成功的实践经验转化为制度成果，使我国国家制度和国家治理体系既体现了科学社会主义基本原则，又具有鲜明的中国特色、民族特色、时代特色。"①

① 《坚持和完善中国特色社会主义制度、推进国家治理体系和治理能力现代化》，《习近平谈治国理政（第三卷）》，外文出版社2020年版，第122页。

（三）实 践 逻 辑

新中国成立近75年来，我们党领导人民走出了中国特色社会主义道路，创造了世所罕见的两大奇迹。一是经济快速发展奇迹。我国用几十年时间走完了发达国家几百年走过的工业化进程，综合国力、科技实力、国防实力、文化影响力、国际影响力显著提升，人民生活显著改善，中华民族以崭新姿态巍然屹立于世界民族之林。二是社会长期稳定的奇迹。新中国成立后，特别是改革开放后，我们国家经历巨大经济社会变迁，经受不少重大考验。党团结带领人民，攻坚克难、不懈奋斗，渡过了一个一个的"娄山关""腊子口"，有力巩固了人民政权、持续保持了国家政治和社会大局稳定，取得经济和社会发展的巨大成就。中国特色社会主义进入新时代，以习近平同志为核心的党中央，胸怀"两个大局"，面对国际风云变幻，面对重大风险考验和党内存在的突出问题，迎难而上、开拓进取、引领巨变，战胜了前进道路上的各种风险挑战，取得新时代中国特色社会主义的伟大历史性成就，祖国大地政治稳定、经济发展、文化繁荣、民族团结、人民幸福、社会安宁，一派欣欣向荣的景象。中国被广泛认为是世界上最为稳定、最为安全、最为祥和的国家之一。这同世界上一些国家和地区社会动荡、战乱频仍、社会撕裂、政治动荡、民不聊生，形成鲜明对比。

正是基于中国特色社会主义的历史逻辑、理论逻辑、实践逻辑，决定了中国特色社会主义是中国社会历史发展的必然。正如习近平总书记指出的，"中国特色社会主义道路是实现社会主义现代化、创造人民美好生活的必由之路，中国特色社会主义理论体系是指导党和人民实现中华民族伟大复兴的正确理论，中国特色社会主义制度是当代中国发展进步的根本制度保障，中国特色社会主义文化是激励全党全国各族人民奋勇前进的强大精神力量。全党要更加自觉地增强道路自信、理论自信、制度自信、文化自信，既不走封闭僵化的老路，也不走改旗易帜的邪路，保持政治定力，坚持实干兴邦，始终坚持和发展中国特色社会主义"。①

①《决胜全面建成小康社会，夺取新时代中国特色社会主义伟大胜利》，《习近平谈治国理政（第三卷）》，外文出版社2020年版，第13—14页。

五

"志不改、道不变"

方向决定前途，道路决定命运。习近平总书记在庆祝改革开放40周年大会上的重要讲话中指出："我们要把命运掌握在自己手中，就要有志不改、道不变的坚定。"①

①
《在庆祝改革开放40周年大会上的讲话》，《人民日报》2018年12月19日，第2版。

88

（一）中国特色社会主义进入新时代

社会主义从来都是在奋勇开拓中前进的，必定随着形势和条件的变化而不断向前发展。习近平总书记指出："经过长期努力，中国特色社会主义进入了新时代，这是我国发展新的历史方位。"[①]这一重大政治判断，标志着我国发展站到了新的历史起点上，有着深刻的内涵。中国特色社会主义是承前启后、继往开来、在新的历史条件下继续夺取中国特色社会主义伟大胜利的时代，是决胜全面建成小康社会、进而全面建设社会主义现代化强国的时代，是全国各族人民团结奋斗、不断创造美好生活、逐步实现全体人民共同富裕的时代，是全体中华儿女勠力同心、奋力实现中华民族伟大复兴中国梦的时代，是我国不断为人类作出更大贡献的时代。

在新时代，我国社会主要矛盾已经由人民日益增长的物质文化需要同落后的社会生产之间的矛盾，转化为人民日益增长的美好生活需要和不平衡不充分的发展之间的矛盾。人民除了对物质文化生活提出了更高要求外，对民主法治、公平正义、安全环境等方面的需求也日益增长；各地区、各行业、各领域、各方面之间发展的不够平衡问题需要着力予以解决，总体发展的不充分和一些地区、一些领域、一些方面还存在发展的不足问题都需要得到重视，发展的任务仍然很重。

这一重大历史性变化，对发展全局产生了广泛而深刻的影响。比如在改革开放40多年中出现的一些问题，包括资本无序扩张、经济脱实向虚、金融泡沫，也包括人思想意识上的一些问题、网络上的问题，都需要予以治理；在继续强调一部分人先富起来的同时，还要走共同富裕之路，等等。

中国特色社会主义进入新时代。这意味着，近代以来久经磨难的中华民族迎来了从"站起来""富起来"到"强起来"的伟大飞跃，迎来了实现中华民族伟大复兴的光明前景；这意味着，科学社会主义在21世纪的中国焕发出强大生机活力，在世界上高高举起了中国特色社会主义伟大旗帜；这意味着，中国特色社会主义道路、理论、制度、文化不断发展，拓展了发展中国家走向现代化的途径，给世界上那些既希望加快发展又希望保持自身独立性的国家和民族提供了全新选择，为解决人类问题贡献了中国智慧和中国方案。

习近平总书记强调："新时代是中国特色社会主义新时代，

[①] 《决胜全面建成小康社会，夺取新时代中国特色社会主义伟大胜利》，《习近平谈治国理政（第三卷）》，外文出版社2020年版，第8页。

而不是别的什么新时代。"中国特色社会主义道路，必须首先是社会主义，走社会主义道路；但社会主义要立足中国优秀传统文化，立足中国实际，要改革，要开放，要有中国特色，所以我们走的是中国特色社会主义道路。

在中国特色社会主义新时代，我们要进行伟大斗争、建设伟大工程、推进伟大事业、实现伟大梦想。为有效推进"四个伟大"，必须增强"四个意识"、坚定"四个自信"、做到"两个维护"，自觉在思想上、政治上、行动上同以习近平同志为核心的党中央保持高度一致，全党拧成一股绳，汇聚成实现中华民族伟大复兴的滚滚洪流。

（二）"东升西降"

与中国特色社会主义的欣欣向荣相区别，以美国为代表的西方资本主义世界出现了许多自身无法克服的矛盾和问题。世界出现了"东升西降"，出现了有利于社会主义的新形势、新趋势。英国学者霍布斯鲍姆认为，在大英帝国维多利亚女王去世时还屹立不动、趾高气扬的英国帝国主义，"论起它的全部历史，却维持了不过一代人之久——比如说，其长度也不过就如丘吉尔（1874—1965）的一生罢了"。[1] 即使取代英国成为世界霸主的美国，也已危机四伏，问题多多，已走向了衰落。这种衰落表现在以下三个方面。

1. **美国经济的衰落**。美国制造业空心化和美债的飞速增长是肉眼可见的大问题，是美国衰落最直接的表现。美国工业外迁造成的产业空心化问题早在40多年前里根政府执政时期就开始了。美国 2020 年 GDP 为 21 万亿美元，是全球唯一一个经济总量超过 20 万亿美元的国家，但比 2019 年缩减 3.3%。更为严重的是，美国尽管一再强调"再工业化"和"制造业回流"，但其 GDP 中制造业比重仍逐年下降，2020 年已不足 11%，而美国的医疗占 GDP 的比例已达 18%，全靠服务业支撑，工业空心化严重。自奥巴马上台后，美债 9 万多亿美元。据美国财政部2022 年 2 月 1 日公布的报告显示，美国国债总额首次突破 30 万亿美元，创历史新高。数据显示，截至 2022 年 1 月 31 日，美国未偿还公共债务总额为 30.01 万亿美元，较 2020 年 1 月底增加近 7万亿美元。美债利息都要靠借钱偿还。

2. **美国价值观和文化的衰落**。自第二次世界大战之后，美

[1] 〔英〕艾瑞克·霍布斯鲍姆：《极端的年代：1914—1991》，郑明萱译，中信出版社 2017 年版，第 8 页。

国极力倡导和推广包括民主、自由、人权在内的所谓"普世价值"，成为美国主导西方世界乃至全球秩序的基石。及至1991年国际共产主义处于低潮，弗兰西斯·福山的历史终结论的提出标志这种价值观在全球的声势达到顶点。但历史的演进无情地日益撕裂和吞噬着美式民主为代表的价值体系。其原因是多方面的。

首先是美国所谓的民主和人权绝不是全体美国人民的。他们认为，盎格鲁-撒克逊人种族优越，在他们眼里的人权，不包括、起码不完全包括其他人种，1776年美国《独立宣言》发表的时候，印第安人不是"人"，黑人也不是"人"。黑人是工具，黑人的存在是为了生产，和牛和马是一样的东西，是资本家的财富、资本，印第安人更是被杀戮、灭绝的对象。因此，所谓人权只是属于本国部分人的，美国对非洲裔等族群的歧视和打压是长期的，所以出现"黑人的命也是命"运动是种族歧视的必然结果。

其次是美国的民主和人权在处理国家关系和事务中其虚伪性暴露无遗。比如，美国为自身利益，以促进民主、保护人权和人道主义干预为由，动辄以武力肆意干涉他国内政、颠覆他国政权，在战争中践踏国际法，恶意攻击平民和非军事目标，造成贫民大量伤亡。阿富汗、利比亚、叙利亚等诸多国家遭到其武装侵略，这些国家人民的民主和人权丧失殆尽。以民主的名义反对民主，以人权的名义践踏人权，是美国一贯的做法。

其三是美国在其盟国身上也已经无视民主和人权。比如在新冠病毒感染疫情防控中抢夺、拦截盟国的医疗物资，在经贸关系上、军费摊派上、科技合作上等等许多方面，奉行单边主义政策，颐指气使，甚至对国际卫生组织等国际组织，稍不合意，则随便退出，不负责任。

以所谓美式民主方式选举产生的无能而混乱的政府以及既有制度设计，都无法有效回应和解决各类重要而紧迫的问题。这些问题诸如经济冲击、民生凋敝、腐败丑闻、政策危机、跨国合作困境，等等。世界上越来越多的人，对美国的民主人权等所谓"普世价值"提出质疑和反感。即使在美国国内对民主人权状况的不满也成为普遍现象。特别是在本轮巴以冲突以来，美国在民主人权上的"双标"，受到越来越多正义人士的鄙视和唾弃。

美国独立性民调机构皮尤研究中心2020年上半年的调查结果显示，只有12%的美国人对国家现状满意，有87%的人不满意。

美国知名公关公司爱德曼2022年发布信任度调查报告显示，在过去的一年，中国民众对本国政府的信任度高达91%，在受访国家中排名第一。报告显示，2021年中国在政府信任度、企业信任度、媒体信任度、非政府组织信任度等四个领域的信任度均上升，在综合各领域得出的国家综合信任指数方面，中国高达83%，同比增长11个百分点，位列首位；而美国民众对本国政府的信任度仅为39%，国家综合信任指数同比下降5个百分点，跌至43%。

英美一些研究机构2020年以来有关"民主满意度"的调查报告都得出大致相同的结论：在全球范围内，人们对民主的不满意程度一直在上升，并且正在达到前所未有的高峰，在发达国家尤甚。

民众的分裂，阶级的固化，对外民粹，对内暴政独裁。美国民众开始否定自己的制度、否定自己的价值观。

正如霍布斯鲍姆所言，"在那些国家中，不论正式或非正式的思想，一向皆为一种非社会的绝对个人主义价值观所把持；因此而造成的社会后果，即使连力倡这种个人至上的人士也不免为之悔叹"。他还说："如此一个社会，由众多以自我为中心、以追求自我满足为目的的个人所组成（所谓满足，究竟是冠以利润、乐趣，或其他任何名目，在此无关紧要）。而个人之间，除了这个相通点外，其余则毫无关系。"①

以洛克、孟德斯鸠、卢梭、伏尔泰、康德等为代表的西方思想家倡导的个人本位主义、人权理论以及天赋人权、人生而自由平等、私人财产不可侵犯等，经过历史的演进，已经陷入无法挣脱的泥淖。霍布斯鲍姆作出的描述没有错："如马克思和其他预言家的眼光没错，旧日的价值观与社会关系，果然随风飘散。"资本主义本身，"它自毁长城，锯断自己端坐的枝干，至少锯掉了其中一枝。自20世纪中叶起，它就开始拉动它的锯子"。②

3. 美国国际影响力的衰落。随着美国工业的空心化和综合国力优势的日益缩水，军事优势相对削弱，输出民主遇到现实困境，造成美国国际影响力的明显下降。美国对国际事务的主导能力在下降，其他国家在联合国与美国的投票行为不一致的比例在上升；美国处理外部事务的资源在缩水，对外援助占世界各国援助总额的比例在下降；美国的软实力在下降，国际社会对美国批评的声音越来越大，在思想上对特定美国模式的排斥、在感情上对美国价值的抵制、在行动上对美国利益及其行为进行袭击的"反美主义"，越来越多地出现在人们的视野之中。这些情况都标志着美国国际地位的下降。

美国历史学家雅克·巴尔赞在《从黎明到衰落》一书中分析："史学家怎么会知道衰落何时到来呢？我认为，这是从人们对弊病直言不讳，为新的信念上下求索中看出来的。"③美国的衰落，正符合这个条件。

①
〔英〕艾瑞克·霍布斯鲍姆：《极端的年代：1914—1991》，郑明萱译，中信出版社2017年版，第19页。

②
〔英〕艾瑞克·霍布斯鲍姆：《极端的年代：1914—1991》，郑明萱译，中信出版社2017年版，第20页。

③
〔美〕雅克·巴尔赞：《从黎明到衰落：西方文化生活五百年，1500年至今》（上、下），林华译，中信出版社2018年版，第19页。

（三）任重而道远

美国为首的资本主义世界的衰落已成定势，"东升西降"已是客观的现实，但是否就意味着"资产阶级的灭亡和无产阶级的胜利"马上就要到来呢？

1.**"两个必然"和"两个决不会"**。马克思、恩格斯在《共产党宣言》中论证了"资产阶级的灭亡和无产阶级的胜利是同样不可避免的"（简称"两个必然"）。[①]但同时，马克思在1859年写的《〈政治经济学批判〉序言》中又提出了"两个决不会"。他认为："无论哪一个社会形态，在它所能容纳的全部生产力发挥出来以前，是决不会灭亡的；而新的更高的生产关系，在它的物质存在条件在旧社会的胎胞里成熟以前，是决不会出现的。"[②]这两个著名的科学论断共同揭示了人类社会历史发展的客观规律性，构成了科学社会主义的理论核心。

"两个必然"和"两个决不会"适应于在资本主义世界进行的社会革命，或者说是共产主义运动。那么在资本主义尚不发达的国家是否就不适应了呢？

对这一问题，恩格斯早有论述。恩格斯在《论俄国的社会问题》一文中指出："现代社会主义力图实现的变革，简言之就是无产阶级战胜资产阶级，以及通过消灭任何阶级差别来建立新的社会组织。为此不但需要有能实现这个变革的无产阶级，而且还需要有使社会生产力发展到能够彻底消灭阶级差别的资产阶级。"[③]恩格斯认为："只有在社会生产力发展到一定阶段，发展到甚至对我们现代条件来说也是很高的阶段，才有可能把生产提高到这样的水平，以致使得阶级差别的消除成为真正的进步，使得这种消除持久巩固，并且不致在社会的生产方式中引起停滞或甚至衰落。但是生产力只有在资产阶级手中才达到了这样的发展水平。可见，就是从这一方面说来，资产阶级正如无产阶级本身一样，也是社会主义革命的一个必要的先决条件。因此，谁竟然肯定说在一个虽然没有无产阶级然而也没有资产阶级的国家里更容易进行这种革命，他就只不过证明，他需要再学一学社会主义初步知识。"[④]

马、恩的基本观点，是社会主义需要有发达社会生产力的支撑，这与列宁讲的在一个小农充斥的国家建立不了社会主义是一致的。

2.**"可以不通过资本主义制度的'卡夫丁峡谷'"**。社会主

①

《马克思恩格斯全集（第四十四卷）》，人民出版社2001年版，第897页。

②

《马克思恩格斯选集（第二卷）》，人民出版社1995年版，第69页。

③

《论俄国的社会问题》，《马克思恩格斯全集（第十八卷）》，人民出版社1964年版，第610页。

④

《论俄国的社会问题》，《马克思恩格斯全集（第十八卷）》，人民出版社1964年版，第610—611页。

义需要先进的工业基础、发达的社会生产力，但是否就意味着所有国家在建立社会主义制度之前，都无条件地经受资产阶级的残酷剥削，忍受资本的恶所带来的种种人间悲剧呢？

应当说，对于未来社会的设想，马克思、恩格斯坚定而明确地指出了通向它的基本道路，它的主要基础、基本特征、基本轮廓和大体面貌，但是，马克思、恩格斯没有并且决不打算详尽描绘未来社会的一切方面和细节，而坚定地认为这属于未来人们的任务。列宁将这概括为："马克思丝毫不想制造乌托邦，不想凭空猜测无法知道的事情。"[1] 正如马克思、恩格斯在《共产党宣言》1872年德文版序言中指出的，"这些原理的实际运用……随时随地都要以当时的历史条件为转移。"[2]

在马克思晚年对东方亚细亚生产方式的研究中，他将在这种历史条件下通向未来社会的道路进行了设想，提出了著名的"卡夫丁峡谷"理论。

"卡夫丁峡谷"

"卡夫丁峡谷"是古罗马史中的典故。公元前321年，萨姆尼特人在古罗马卡夫丁城附近峡谷击败了罗马军队，并迫使罗马战俘从峡谷中用长矛架起的形似城门的"牛轭"下通过，借以羞辱战败军队。后来，人们就以"卡夫丁峡谷"来比喻灾难性的历史经历。马克思在1881年3月8日给俄国女革命家维·伊·查苏利奇的复信中提到：在像俄国这样存在原始公社基础的国家，"可以不通过资本主义制度的卡夫丁峡谷，而吸取资本主义制度所取得的一切肯定的成果"。

[1] 《国家与革命》，《列宁选集（第三卷）》，人民出版社1995年版，第187页。

[2] 马克思、恩格斯：《共产党宣言》，人民出版社2018年版，第3页。

珂勒惠支《示威》

马克思"可以不通过资本主义制度的卡夫丁峡谷"是针对俄国在农村公社的基础上，吸收资本主义发展过程中的优秀文明成果，利用资本主义提供的大规模生产条件，来实现有别于马克思总结的西方发展道路的东方道路。资本主义的西方发展道路是一条人剥削人、人压迫人的黑暗制度。正因如此，才被马克思称之为"卡夫丁峡谷"。马克思在《资本论》中写道："9岁到10岁的孩子，在大清早2、3、4点钟就从肮脏的床上被拉起来，为了勉强糊口，不得不一直干到夜里10、11、12点钟。他们四肢瘦弱，身躯萎缩，神态呆痴，麻木得像石头人一样。"①

马克思写道，欧洲资本家"在整整10年内，每天用10小时从那些必须靠人放到凳子上才能干活的幼童的血中抽出丝来。"②恩格斯在《英国工人阶级状况》中描述工人的生活环境时写道："1844年2月，在巴斯弗德的习艺所里进行了一次调查。结果发现床单已有十三个星期没有换，衬衣有四个星期没有换，袜子则有两个月到十个月没有换了，因而45个男孩子中只有3个还穿着袜子，所有的人的衬衣都是破破烂烂的。床铺上爬满了虫子，食具在脏水桶中洗涤。"③马克思感叹工人阶级的悲惨生活："如果但丁还在，他一定会发现，他所想象的最残酷的地狱也赶不上这种制造业中的情景。"④

马克思主张在东方亚细亚社会条件下跨越资本主义残酷剥削的"卡夫丁峡谷"，并不代表可以没有发达的工业、先进的生产力，只是不必经过资本主义的残酷剥削。马克思在这里的观点与"两个决不会"并不相矛盾。发展才是硬道理，社会主义国家一定需要大力发展社会生产力。

3．"发展仍是解决我国所有问题的关键"。习近平总书记早在2013年召开的党的十八届二中全会第一次全体会议上的重要讲话中就指出："以经济建设为中心是兴国之要，发展仍是解决我国所有问题的关键。"2021年12月中央经济工作会议召开，习近平总书记在会上发表重要讲话，会议强调："坚持以经济建设为中心是党的基本路线的要求，全党都要聚精会神贯彻执行，推动经济实现质的稳步提升和量的合理增长。"在党的二十大报告中，习近平总书记强调指出："发展是党执政兴国的第一要务。没有坚实的物质技术基础，就不可能全面建成社会主义现代化强国。必须完整、准确、全面贯彻新发展理念，坚持社会主义市场经济改革方向，坚持高水平对外开放，加快构建以国内大循环为主体、国内国际双循环相互促进的新发展格局。"

① 《资本论　第三篇　绝对剩余价值的生产》，《马克思恩格斯全集（第二十三卷）》，人民出版社1972年版，第272页。

② 《资本论　第三篇　绝对剩余价值的生产》，《马克思恩格斯全集（第二十三卷）》，人民出版社1972年版，第325页。

③ 《英国工人阶级状况》，《马克思恩格斯全集（第二卷）》，人民出版社1957年版，第580页。

④ 《资本论　第三篇　绝对剩余价值的生产》，《马克思恩格斯全集（第二十三卷）》，人民出版社1972年版，第275—276页。

95

我国在坚持改革开放的社会主义方向不动摇的同时，必须坚持改革开放不动摇。

一方面，以昂扬的斗志，敢闯敢试，敢为天下先，着力改革不利于生产力发展的生产关系中存在的矛盾和问题，始终警惕和防止否定改革开放的错误认识和错误思潮。正如习近平总书记指出的，当前我国改革发展形势正处于深刻变化之中，外部不确定因素增多，改革发展面临许多新情况新问题，我们要保持战略定力，坚持问题导向，因势利导、统筹谋划。改革越到深处，越要担当作为、蹄疾步稳、奋勇前进，不能有任何停一停、歇一歇的懈怠。继续推进改革，要把更多精力聚焦到重点难点问题上来，集中力量打攻坚战，激发制度活力，激活基层经验，激励干部作为，扎扎实实把全面深化改革推向深入；同时又要以科学的态度，行稳致远，不犯颠覆性错误。

另一方面，以构建人类命运共同体的宏大气魄和宽广胸怀，统筹国内国际两个大局，积极开放、主动开放，以高水平开放促进深层次改革、推动高质量发展。世界一体化、全球化是历史的潮流，中间肯定有波澜、有曲折、有逆流，但是总的方向一定没错。无论从资产阶级经济学家比如亚当·斯密的专业分工理论，还是从科学社会主义的世界大同思想来看，反全球化肯定是开历史的倒车。历史的规律是，越自信的越要开放，越落后或者越感觉危机的就越是要把门关起来。中国就是因为闭关锁国才造成了明清以后的落后，这是历史的

进博会会址"四叶草"

惨痛教训。我国对外开放有个显著的特点，当外部压力越大的时候，我们越是加快对外开放。浦东开发开放如此，上海自由贸易试验区如此，"进博会"如此，现在的"临港新片区"、海南自由贸易岛也是如此。习近平总书记强调："中国开放的大门不会关闭，只会越开越大。""过去40年中国经济发展是在开放条件下取得的，未来中国经济实现高质量发展也必须在更加开放条件下进行。这是中国基于发展需要作出的战略抉择，同时也是在以实际行动推动经济全球化造福世界各国人民。"[①]党的二十大确定推进高水平对外开放，依托我国超大规模市场优势，以国内大循环吸引全球资源要素，增强国内国际两个市场两种资源联动效应，稳步扩大制度型开放，推动共建"一带一路"高质量发展，深度参与全球产业分工和合作，维护多元稳定的国际经济格局和经贸关系等。

我们必须高举中国特色社会主义伟大旗帜，坚持以习近平新时代中国特色社会主义思想为指导，面对百年未有之大变局和实现中华民族伟大复兴战略全局，时刻保持战略定力，把自己的事情做好。做到"千磨万击还坚劲，任尔东西南北风"。全党同志必须深刻领悟"两个确立"的决定性意义，增强"四个意识"，坚定"四个自信"，坚决做到"两个维护"，勇于担当作为，始终坚持改革开放的正确方向，始终坚持党的基本路线，切实把以经济建设为中心同坚持四项基本原则、坚持改革开放这两个基本点统一于新时代中国特色社会主义伟大实践。

我们坚信，在习近平新时代中国特色社会主义思想的正确引领和科学指导下，全党同志紧密团结在以习近平同志为核心的党中央周围，继续发扬历史主动精神，心怀"国之大者"，乘势而上、砥砺前行，一定能够走好全面建设社会主义现代化国家新的赶考之路，实现中华民族伟大复兴。

① 《中国开放的大门只会越开越大》，《习近平谈治国理政（第三卷）》，外文出版社2020年版，第194页。

第 三 章

真理的力量:

科学理论的指导

马克思主义具有与时俱进的理论品质。新形势下,坚持马克思主义,最重要的是坚持马克思主义基本原理和贯穿其中的立场、观点、方法。这是马克思主义的精髓和活的灵魂。马克思主义是随着时代、实践、科学发展而不断发展的开放的理论体系,它并没有结束真理,而是开辟了通向真理的道路。

——习近平:《在哲学社会科学工作座谈会上的讲话》,《人民日报》2016年5月19日,第2版思想是行动的先导。近代以来中国各个阶级、各种政治力量,都有自己的思想和理论。但无论是封建统治者的"家天下"思想、农民阶级的小农意识、地主阶级改革派的洋务思想、资产阶级上层君主立宪的资产阶级改良思想、资产阶级民主主义思想,还是中国共产党建立之前那些形形色色、名目繁多的无政府主义、基尔特社会主义、工联主义、新村主义等思潮,都解决不了中国近代以来所面临的历史课题。只有马克思主义及其中国化的理论才是指导中国革命、建设、改革的唯一正确的思想理论。

南湖红船

一

各种非马克思主义思想

（一）封建主义思想

中国封建宗法制度其本质和灵魂在于"家天下"思想，从天下开始，层层分配，天子拥有天下，诸侯拥有封国，大夫拥有采邑，士拥有田地。也就是说，天子把天下当家，诸侯把封国当家，大夫把采邑当家，士把田地当家。到秦始皇统一六国，建立统一的郡县制国家，更加强化了天子权威，"普天之下，莫非王土，率土之滨，莫非王臣"。这就是封建社会的道统。

这个道统决定了只要能够维护封建统治，维护封建的一家之私，什么事情可以做；反之，只要有违封建统治，什么事情都不能做。

李鸿章为其开平矿务局运输煤炭修建了中国人自己的第一条铁路，但是因为铁路离遵化不远，遵化有皇家陵园，清朝的皇族说这个铁路影响了龙脉，认为铁路会惊动亡灵，要求拆除。直到李鸿章答应牵引的动力由轰鸣的机车改为传统的骡马，铁路才得以保留。

还比如，当慈禧太后得知八国联军没有把自己列入需要惩办的"祸首"时，在给李鸿章的复电中说："念列邦之见谅，疾愚暴之无知，事后追思，惭愤交集。"慈禧太后表示，要"量中华之物力，结与国之欢心"，她以国家民族利益换取一家之平安、保全"家天下"利益的心态，显露无遗。

（二）传统的农民思想

中国作为一个长期以小农占多数、以农业立国的国家，农民阶级尤其是小农思想充斥于整个传统社会。

近代乡村建设派著名代表人物之一晏阳初认为，近代中国以小农为主体的民众存在贫、愚、弱、私"四大病"。"愚"，是指大多数农民目不识丁，缺乏文化。"贫"，是指农民普遍生活贫困。"弱"，是指大多数农民体弱多病、胆小怕事。"私"，是指农民缺乏团结精神和有效组织，各人自扫门前雪，是一盘散沙。

鲁迅对近代中国农民的不团结、缺乏国民意识有深切的感受。他在《呐喊·自序》中回忆起留学日本时所看到的画面："有一回，我竟在画片上忽然会见我久违的许多中国人了，一个绑在中间，许多站在左右，一样是强壮的体格，而显出麻木的神情。据解说，则绑着的是替俄国做了军事上的侦探，正要被日军砍下头颅来示众，而围着的便是来赏鉴这示众的盛举的人们。"[1]

①
《鲁迅全集》第一卷，人民文学出版社2005年版，第438页。

在传统封建专制统治下的中国农民，崇拜皇权、小富即安、自由散漫、没有集体意识和长远眼光等，仅凭小农思想是无法解决近代以来中国革命、建设和改革问题的。

（三）君主立宪思想

资产阶级改良主义思想在中国是否可行？改良派设想得很好，看到英国和日本的君主立宪成功了，保留了国王或天皇，他们也要把皇帝保留下来，皇室过着很富裕的生活，但不要管太多事，权力让渡给资产阶级议会，促进资本主义发展，大家心平气和、相安无事，那岂不是两全其美？但是，这不符合中国实际。

中国封建地主阶级统治中国两千多年，有着丰富的统治经验，不允许其他势力崛起。在中国无法通过君主立宪的方式来发展资本主义。

日本明治维新之所以能够成功，是因为幕府政治掌控日本实权几百年，日本资产阶级新贵族早就看不下去了，他们的力量不断发展壮大，和幕府间形成对垒。江户幕府被代表资产阶级利益的维新派军队打败，第15代将军德川庆喜才被迫把政权还给天皇。"倒幕运动"的成功为明治维新成功提供了前提条件。

再看英国的君主立宪。从13世纪开始，英国旧贵族就开始向君主要权利，后来资本主义兴起，资产阶级新贵族也开始向君主要权利，但直到1640年英国资产阶级革命也没有解决这个问题。1688年，威廉三世和玛丽二世受英国资产阶级拥戴，率领荷兰舰队来到英国，赶走了信奉天主教的詹姆士二世，才确立君主立宪体制。

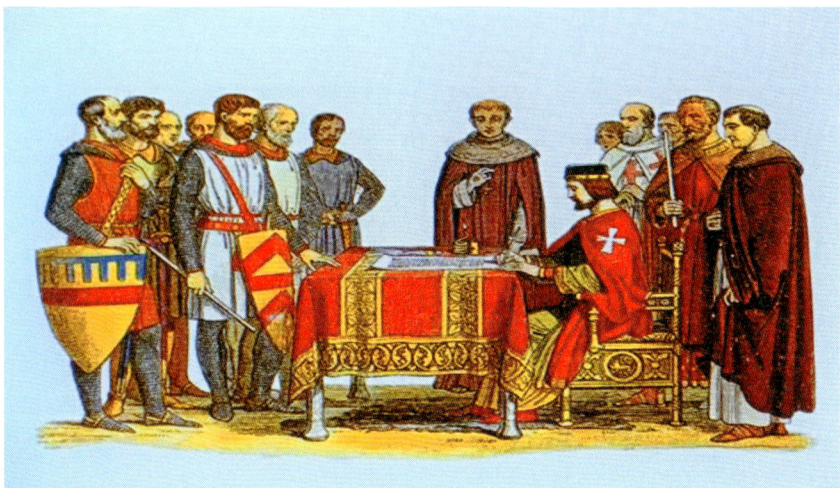

英国大宪章运动

中国的国情不一样，资产阶级势单力薄，封建阶级实力雄厚，外国列强各怀鬼胎，模仿西方的模式是不能成功的。

（四）资产阶级民主主义思想

资产阶级民主主义思想主张的是在中国搞三权分立，搞总统制、议会制，但都未成功。宋教仁组织了国民党，在国会选举的时候，一举夺胜，马上就要组织议会，宋教仁本人也要当总理了；但满脑子封建专制思想的袁世凯哪里容忍得了，就吩咐国务总理赵秉钧安排人员在上海火车站把宋教仁杀掉了。这样如何搞得了民主？

宋教仁纪念碑

　　袁世凯为了赶在武昌起义两周年纪念日登上总统宝座,胁迫国会仓促进行总统选举。他令梁士诒收买近百名国会议员,成立"公民党",专为大选拉票。同时,他还安排拱卫军司令李进才率数千军警、流氓、地痞,改穿便服,打着"公民团"的旗号,把国会围得个水泄不通,声称"非将公民所属望的总统于今日选出,不许选举人出会议场一步"。从早上8时到晚上10时,议员们门也不能出、饭也不能食,忍饥挨饿、人困马乏,连续投票3次,终以703票中507票赞成,选出袁世凯为正式大总统。

　　以孙中山为代表的资产阶级民主革命派,其政治思想的形成和发展,具有划时代的意义,但其政治思想具有明显的历史局限性,缺乏明确的反帝反封建内容,反对帝国主义的首要任务多归结到"反满"和反军阀斗争上,反封建也不能触及封建宗法制度和地主阶级利益,这些都决定了其思想及其政治实践的局限性,不可能实现其主权在民的原则。尽管在国共合作时期,在中国共产党和共产国际帮助下,孙中山等的资产阶级民主主义思想达到新高度,认识到军阀、官僚与帝国主义沆瀣一气、狼狈为奸,认识到美、法等"所谓的民权,还是很少"的,不能单纯"学欧美,步他们的后尘",不能使民权成为"压迫平民之工具",甚至确立联俄、联共、扶助农工的"三大政策",但随着孙中山的逝世,这些思想和政策迅速遭到歪曲和背叛。资产阶级民主主义思想在中国水土不服,是不合适的。

（五）各种"社会主义"思想流派

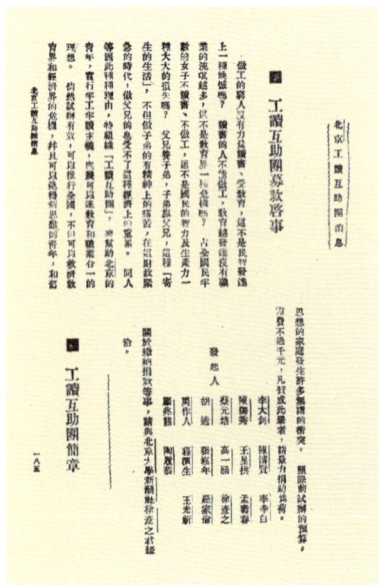

工读互助团简章(《新青年》1920年7卷2期)

　　正是各种思想理论都无法解决中国面临的问题,所以才有了新文化运动及之后各种社会思潮的风起云涌。据统计,五四运动后的第一年,"新出版品骤然增至四百余种之多"。这些刊物绝大多数都宣称以介绍新思想和改造社会作为自己的办刊宗旨,像"本现代思潮的精神,谋社会之改造"之类的口号随处可见。除了科学社会主义即马克思主义之外,还有空想社会主义、基尔特社会主义、无政府主义、新村主义、泛劳动主义、工读主义以及合作主义,而无政府主义中还有无政府共产主义、无政府工团主义、社会的无政府主义、团体的无政府主义,等等,令人眼花缭乱。

　　这些"社会主义"思想流派是否真理,是否管用,实践是试金石。

当时颇为流行的工读主义，可不是仅停留在口头上、文章中，而是吸引了颇多的知识分子亲身投入实践当中。1919年12月，王光祈、蔡元培、陈独秀、李大钊、胡适等人创办了北京工读互助团，团员以北京大学的学生为主。

在成立工读互助团实施工读主义以前，其发起人王光祈就对工读互助团进行了精心而美妙的详细设计。其勾画图景：先在乡下租个菜园，这个菜园离城市不要太远，亦不要太近，大约四五里路为最宜。这个菜园不要太大，亦不要太小，只要够十余人种植罢了。菜园中间建筑十余间房子，用中国式的建筑法，分楼上楼下两层。楼上作书房、阅报室、办公室、会客室、藏书室、游戏室，等等；楼下作卧室、饭厅，等等。在这菜园里边，每个人每天种菜两小时，读书三小时，翻译书籍三小时，其余钟点均作游戏、阅报时间。王光祈深为自己的设想陶醉，认为新生活园里的花儿、草儿、鸟儿、蝶儿正在那里盼望着他们，从此没有了纸上的空谈，过起了圣神的生活。[①]

工读互助团构筑的乌托邦式生活，仅两三个月，就暴露出不可克服的矛盾，团员之间分歧摩擦、经济出现危机，吃饭都成了问题，其结果自然是不欢而散。

新村主义具有更为浓厚的乌托邦色彩。有人借鉴法国的"鹰山共产村"和美国的"蓝路共产村"等新村做法，在中国鼓吹

① 参见《少年中国》第一卷第二期，1919年8月15日。

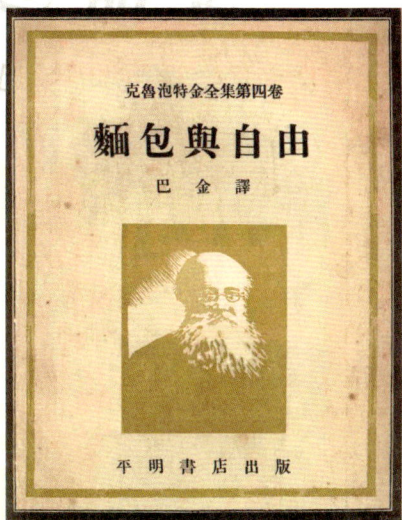

《面包与自由》书影

新村主义，并试图建立"新村"，但应者寥寥，"只限于精神的宣传，不敢说到预备实行"。

无政府主义的理想是建立"无地主、无资产家、无首领、无官吏、无代表、无家长、无军队、无监狱、无警察、无裁判所、无法律、无宗教、无婚姻制度之社会"，以实现"社会上唯有自由，唯有互助之大义，唯有工作之幸乐"。这种无管理、无权威，绝对"自由""平等"、散漫的社会是无法实现、也不可能实现的。因此在实践中自然会无疾而终。

正如毛泽东同志所说："中国人被迫从帝国主义的老家即西方资产阶级革命时代的武器库中学来了进化论、天赋人权论和资产阶级共和国等项思想武器和政治方案，组织过政党，举行过革命，以为可以外御列强，内建民国。但是这些东西也和封建主义的思想武器一样，软弱得很，又是抵不住，败下阵来，宣告破产了。"[1]

诸路不通，只得另辟蹊径。

①
《唯心历史观的破产》，《毛泽东选集（第4卷）》，人民出版社1991年版，第1514页。

二

马克思主义

（一）马克思主义是科学的真理

随着15—16世纪资本主义的产生，像法术一样呼唤出从未有过的生产力，人类财富得以指数级的增长。与此同时，资本主义固有的经济危机，特别是资本主义所培养出的无产阶级作为自身制度的掘墓人，使资产阶级与无产阶级之间的矛盾日益尖锐。面对资本主义制度存在的固有矛盾，马克思恩格斯总结人类思想成果，尤其是对法国空想社会主义、德国古典哲学、英国古典政治经济学进行了扬弃；吸收借鉴了人类科技成果，尤其是近代三大自然科学成就，即能量守恒和转化定律、细胞学说、达尔文的生物进化论；总结概括了19世纪上半叶西欧工人运动的社会实践成果，尤其是19世纪三四十年代法国里昂工人武装起义、英国宪章运动、德国西里西亚纺织工人起义等无产阶级政治斗争实践。在此基础上，马克思、恩格斯发现了唯物史观和剩余价值学说，揭示了人类发展的必然规律，对资本主义发展提出的时代难题作了科学回答，指明了人类解放的道路，实现了人类思想史上的伟大革命。可以说，科学社会主义的横空出世，无论对人类思想史还是人类社会历史的发展进步，都无异于"壮丽的日出"。

（二）中国先进知识分子迅速接受马克思主义

在近代以来各种思想理论的实验失败之后，在五四运动前后各种社会思潮的走马灯式的实验流产之后，中国先进的知识分子迅速接受了马克思主义。

那么，为什么中国先进知识分子迅速接受马克思主义？

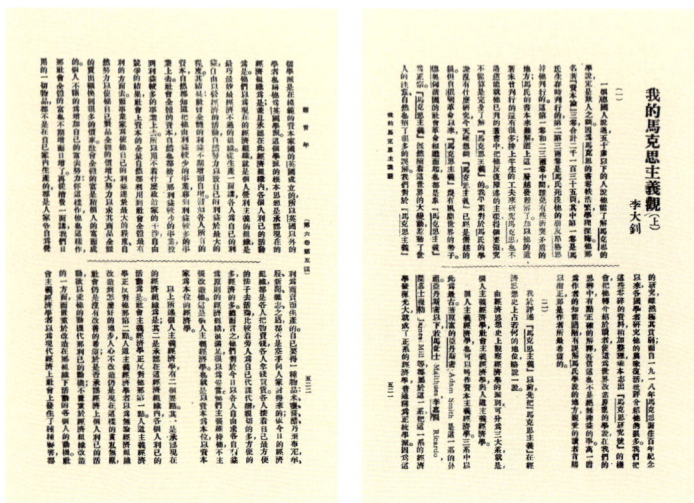

《我的马克思主义观》（《新青年》1919年第6卷第5、6号）

首先是中国先进的知识分子从资本主义的矛盾和困厄中看到了必须另寻他途。

在中国近代，梁启超一派是很信奉西方那一套东西的。但是1920年，梁启超到欧洲去了一趟，回来一改常态，竭力渲染欧洲的混乱和悲观主义，写了一本书叫《欧游心影录》，认为现在在凋谢干枯的、机械唯物论的西方，人被赋予了无人格、不安全感、忧虑、疲劳、闲暇的消失以及扩张欲凝聚的恐惧和丧失人格的特征，这是一种典型的精神贫乏症，故必须用"以精神为出发点的"东方文化"救治"之。《欧游心影录》对当时学术界思考东西文明关系问题和科学与人生观关系问题，产生过重要的影响，被视为中国现代思想文化史的一部重要论著。

翻译《天演论》的大学者严复晚年在给门生的信中慨叹："不佞垂老，亲见脂那七年之民国与欧罗巴四年亘古未有之血战，觉彼族三百年之进化，只做到'利己杀人、寡廉鲜耻'八个字。回观孔孟之道，真量同天地，泽被寰区。此不独吾言为然，即泰西有思想人亦渐觉其为如此矣。"[①]

①

严复：《与熊纯如书》，王栻主编：《严复集》第3册，中华书局1986年版，第692页。

在梁启超、严复等人的眼里，欧洲经过第一次世界大战，资本主义标榜的思想，什么自由、人权、平等都已经被打得稀里哗啦。他们觉得，拯救世界还是要靠东方文明。

其次是俄国十月革命给中国人民做出了榜样。

1917年11月（俄历10月），俄国发生十月革命，在布尔什维克党领导下取得了胜利，随后粉碎了帝国主义的武装干涉和国内白俄分子的反攻。十月革命推翻沙皇的封建统治，实现了人民当家做主，这不正是自近代以来中国人民所梦寐以求的目标吗？它是如何实现的呢？是马克思列宁主义的指导，是因为有这个思想武器，掌握这个思想武器的布尔什维克党领导俄国人民起来革命，才取得了胜利。

俄国的胜利，为在迷茫之中苦苦寻求救国救民真理的近代中国知识分子提供了现实的经验借鉴。中国人把西方人当作老师向他们学习了几十年，但老师总是欺负学生，帝国主义还支持中国军阀打内战。近代知识分子越向西方学习，中国危机越深、人民越痛苦。而苏俄一经建立，即宣布废除沙皇时期与中国签订的不平等条约。这一切使中国的先进知识分子在思想中形成了对比，从俄国革命中看到了希望。中俄两国国情相似，都受到严重的封建压迫，经济文化都相对落后。十月革命，不仅第一次把社会主义从书本上的学说变成活生生的现实，还让中国先进的知识分子认识到,只有以俄为师、走俄国人的路,坚持马克思列宁主义,中国才有前途。

因此,毛泽东同志说:"十月革命一声炮响,给我们送来了马克思列宁主义。"先进的中国知识分子,开始用马克思列宁主义的理论和方法来观察问题,一旦认明了真理,认清了目标,就毫不犹豫地遵从这个真理,向着这个目标走下去。他们陆陆续续地抛弃了头脑中原来的世界观,从激进民主主义者转变成为具有初步共产主义思想的知识分子。

其三是五四运动后各种各样的救国思想的失败。

五四运动后中国兴起向西方寻找真理的热潮,在各种各样的救国思想中,除了科学社会主义即马克思主义之外,还有打着"社会主义"旗号蜂拥而来的各种社会思潮。在其他各种流派的所谓的"社会主义"都碰壁之后,直

上海安义路63号,1920年毛泽东寓所旧址

到1920年底至1921年初,中国先进的知识分子才认识到"俄式系诸路皆走不通了新发明的一条路,只此方法较之别的改造方法所含可能的性质为多",因此,"激烈方法的共产主义,即所谓劳农主义,用阶级专政的方法,是可以预计效果的,故最宜采用"(毛泽东)。其实,如此繁多的社会主义思想还只是"新思潮"中的一个部分。而18世纪西方启蒙学者们提出的诸如民主、自由、平等、博爱等思想原则,也是"新思潮"中不可忽略的部分。

毛泽东同志先后三次到上海送新民学会的会员赴欧洲勤工俭学。蔡和森等赴法勤工俭学,学习到了各种思想,包括"马克思主义思想"。在蔡和森和毛泽东之间的通信中,他们都认为还是要走俄国的路,选择马克思列宁主义。

蔡和森记录自己的心路历程:刚到法国时,"日唯手字典一册,报纸两页,以为常",拼命"蛮看",对社会主义、工团主义、无政府主义与基尔特社会主义等政治理论进行比较研究,"把各国社会党、各国工团以及国际共产党尽先弄个明白"。他还搜集了重要小册子约百种,"猛看猛译"。经过这样,到1920年8月,蔡和森得出结论:"我近对各种主义综合审谛,觉社会主义真为改造现世界对症之方。中国也不能外此……我对于中国将来的改造,以为完全适用社会主义的原理和方法。"[①]

毛泽东在给蔡和森的一封信中写道:"我对于绝对的自由主义、无政府的主义,以及德谟克拉西主义,依我现在的看法,都只认为于理论上说得好听,事实上是做不到的。"他还认为,俄国的革命才是自然的结果。

1920年,共产主义思想在中国广泛传播。同年,上海、北京、长沙、济南、武汉等地相继建立了共产党早期组织。科学社会主义的星星之火,已经在全国点燃。它预示着一场燎原大火将在中华大地以迅猛之势熊熊燃烧。

① 《蔡和森文集》,人民出版社1980年版,第76页。

（三）马克思列宁主义与中国工人运动相结合产生中国共产党

马克思列宁主义与中国工人运动相结合,孕育产生了伟大的中国共产党。1921年7月23日,党的一大在上海召开,将马克思主义确立为自己的指导思想,定名为中国共产党,把实现共产主义作为自己的纲领。从此以后,中国无产阶级及其政党——中国共产党,利用马克思主义理论这个思想武器,观察分析解决中国革命、建设、改革问题,指导中国迎来了从"站起来""富起来"到"强起来"的伟大历史性飞跃。

2018年5月4日,习近平总书记在纪念马克思诞辰200周年大会上的重要讲话中指出:"马克思主义始终是我们党和国家的指导思想,是我们认识世界、把握规律、追求真理、改造世界的强大思想武器。""马克思主义不仅深刻改变了世界,也深刻改变了中国。""实践证明,马克思主义的命运早已同中国共产党的命运、中国人民的命运、中华民族的命运紧紧连在一起,它的科学性和真理性在中国得到了充分检验,它的人民性和实践性在中国得到了充分贯彻,它的开放性和时代性在中国得到了充分彰显!实践还证明,马克思主义为中国革命、建设、改革提供了强大思想武器,使中国这个古老的东方大国创造了人类历史上前所未有的发展奇迹。"[1]

(四)"墙内开花墙外香"

马克思主义产生于西欧,但为什么"墙内开花墙外香",在中华大地开花结果?

正如习近平总书记在庆祝建党百年重要讲话中强调指出的,是马克思主义到中国,不仅与中国实际相结合,还与中国优秀传统文化相结合,是这"两个结合",使马克思主义在中国充满了生机活力。[2]

中国共产党的成立、发展、壮大,是马克思列宁主义与中国工人运动相结合的产物,也是与中华优秀传统文化相结合的产物。党的十九届六中全会决议强调习近平新时代中国特色社会主义思想是马克思主义中国化的最新成果,是21世纪马克思主义的最新成果,也是中华文化和中国精神的时代精华。如果马克思主义不能同中国优秀传统文化很好地结合,它是不会在中国如此成功的。

一切理论、思想要很好地传播和运用,都需要与本地的实际和文化传统结合。

比如佛教,它产生于印度,到中国后得以发扬光大,因为它中国化了。佛教于西汉末传入中国,历经东汉、三国、魏晋南北朝,由传入而日趋兴盛,至隋唐达到鼎盛。佛教在中国发展的过程,有一个逐步中国化的过程,也有一个逐步融入儒学因素的过程。这是佛教在中国得到广泛传播的重要原因。按照佛教原教

[1] 习近平:《在纪念马克思诞辰200周年大会上的讲话》,人民出版社2018年版,第15页、第11页、第14页。

[2] 参见习近平:《在庆祝中国共产党成立100周年大会上的讲话》,人民出版社2021年版,第13页。

旨，人们要想得到佛祖的拯救，第一，应当出家，脱离世俗生活；第二，应当遵守佛教徒的种种宗教性的圣洁生活原则以区别于世俗生活原则；第三，圣徒式生活得到佛、法、僧的接引护佑，超越了生死，脱离了社会，可以不尊重世俗权力、不尊重父母，但不能不尊重佛、法、僧。

这些教义显然与中国传统文化，与儒教思想是相抵牾的。东晋时就出现了和尚慧远与桓南郡桓玄之间的著名辩论。在桓玄看来，世俗社会的制度来历久远、天经地义，一旦动摇，社会就会动乱生变。桓玄写信给慧远和尚，提出"沙门不敬王者，我认为于情于理都说不过去"。而慧远写了《沙门不敬王者论》，以佛教徒是"方外之宾"，出家人要消情灭身，不看重自身身体的保存，应当可以"遁世以求其志，变俗以达其道"，认为佛教徒虽然不养父母，他们也没有违背孝道；不向君王致礼，也不失他们对王者的恭敬，以此来为佛教徒辩护。

桓玄接到回信后，又写了回信辩论。认为慧远的说法自相矛盾：你们既然不看重身体的保存，因而不致敬父母和君王，那么何必又有"不违孝道不失恭敬"之论呢？桓玄认为，佛教不能有违中国儒家传统伦理，不能不要孝和忠，这是世俗社会的基础，动摇不得，否则就会"伤治害政"。

从慧远与桓玄的辩论，可以看到佛教在中国的传播离不开对中国的伦理和政治的服从。根据复旦大学著名文化史学者葛兆光在其著作《古代中国文化讲义》中的观点，从5世纪到7世纪，并不是佛教征服中国，而是中国使佛教发生了根本的转化。"要在中国生存，佛教不能不适应中国，它只能无条件地承认政治的天经地义，承认传统伦理的不言而喻，承认佛教应该在皇权之下，并在这种范围内调整佛教的政治和伦理规则。所以，到了7世纪的中国，佛教一方面广泛地融入中国思想世界，另一方面它的思想也相当地汉化了。"[①]

作为科学理论的马克思主义思想更需要与中国实际、中国优秀传统文化相结合。而恰恰马克思主义和中国传统文化之间有很多相契合之处。

比如说，在世界观上，基督教、天主教、东正教都强调上帝、强调神，但马克思主义是无神论，尽管它产生在西方。

在中国，儒家是"敬鬼神而远之"，不信鬼神，强调以人为本。中国的"神话"也都是"人话"。别说治水的大禹真的是人，就是那些有神性的传说，像"女娲补天""后羿射日""神农

① 葛兆光：《古代中国文化讲义》，复旦大学出版社2012年版，第86页。

尝百草"等，主人公也都是人。我们的经典，包括少数民族的《江格尔》《格萨尔王》《玛纳斯》等叙事长诗，都是以人来命名的，都是以人为本的。由此观之，马克思主义产生在神性高于一切的西方世界，偏偏强调的是人性，与中国以儒家为主的传统文化的以人为本不谋而合。

在方法论上，中国的儒家、道家都充满辩证思想。比如道家讲的是一生二、二生三、三生万物；阴阳关系，一黑一白、一阴一阳，这都是辩证思想。而马克思主义恰恰强调的是辩证法的对立统一，否定之否定。当然中国传统文化中的辩证思想与马克思主义的唯物辩证法还存在区别，马克思主义强调螺旋式上升、波浪式发展，它是一步步上升的；而中国的阴阳是非阴即阳，它是简单的互相转换、相互更替，也像极了中国王朝之间的简单更替，超稳定结构，难以实现向上的突破。马克思主义的唯物辩证法突破了简单的阴阳转换，向着更高层次发展，这也是马克思主义与中国传统文化的重要区别之一。

在价值观上，西方强调的是分，强调个人的价值，西方的孟德斯鸠、卢梭、洛克等强调极端的个人，以个人价值的实现为最高目标。任何事物都是有条件的，只有有条件才是无条件的，个人权利也是如此。西方强调绝对的个人权利，确实遇到了两难，要么是违背了个人权利，要么就牺牲了国家和人民的利益，这些深层次的问题不解决，它就不能前进。比如美国在奥巴马担任总统时期就拨款建设高速铁路，但高速铁路的特点是要尽量地走直线，而动迁时如果有些居民不配合，高铁不可能绕来绕去，那就无法开工建设。愿不愿意动迁是居民的权利，如果这种权利绝对化，那么像修高铁这样的项目也就无法实现。

达尔文　　　　　　　　斯宾塞

马克思主义强调的是共产主义和集体主义，中国传统文化恰恰就强调集体，强调家国情怀，所以我们生下来就是一个家庭成员，是爸爸的儿子、儿子的爸爸、妻子的丈夫、丈夫的妻子，是一个社会人。马克思主义强调人是社会关系的总和，与中国传统文化对人的理解是一致的。

再比如在国际关系、对外关系上，西方强调的是达尔文《论依据自然选择即在生存斗争中保存优良族的物种起源》（简称《物种起源》）所奠定的生物进化论，达尔文强调"丛林法则"、弱肉强食，但达尔文关注的是生物界，狮子吃豺狼、豺狼吃猴子、猴子再吃其他，等等，是一个食物链。关于人类社会是怎么样的，达尔文说人类社会估计也是如此，与生物界的进化差不多，但没有详细展开。

德国社会学家、哲学家斯宾塞在《伦理学原理》一书中把达尔文的生物进化论完全运用到了人类社会。他认为，人类社会就是弱肉强食，就是优胜劣汰、"丛林法则"。

英国著名博物学家赫胥黎在他的著作《进化论和伦理学》中，用一种详细且通俗的写法对达尔文的生物进化论进行了演绎。作为达尔文进化论的支持者和传扬者，赫胥黎并不同意将人之外的生物界与人类社会进行简单类比，在他看来，道德情操和社会责任是构成人类社会的基础，也是人之所以为人的根本。

但严复在翻译赫胥黎《进化论和伦理学》时，把赫胥黎对达尔文生物进化论的诠释，加上斯宾塞用达尔文生物进化论对人类社会的描述，拼在一起，成为《天演论》。

赫胥黎

严 复

中国知识分子需要但中华传统文化中不具备的东西

按照美国纽约大学熊玠教授的研究，中国知识分子需要但中华传统文化中不具备的东西，在马克思主义理论中起码有以下几点：一是列宁关于帝国主义的理论，解释了为什么由于国内资本主义驱动的西方列强们要到中国来寻找市场和资源。二是马克思的理论解释了中国不同阶层间隔阂不断的原因，也提供了进行有效社会动员的方法，如群众路线。三是马克思的阶级斗争理论认为，若要一劳永逸地解决中国的所有问题，就要消灭所有的"敌对阶级"而不仅仅是统治者。四是马克思将物质发展（而非精神和思想）定义为历史发展的动力，使得中国人对于物质主义有了重新认识，进而开始全面否定中国传统的迷信、宿命论和神秘主义。五是马克思主义认为经过唯物辩证的过程，历史发展可以纵向晋升至一个更高境界。这个对于中国激进的知识分子来说，可以跳出中国传统思想与历史观中"阴阳"平面循环不息思维的窠臼。六是列宁的组织策略和无产阶级先锋理论为年轻的中国知识分子指明了一条革命之路。七是马克思对于劳动力的重视颠覆了中国强调脑力劳动的传统。八是马克思主义的价值观可以代替儒家的价值观。

西方人秉持的就是斯宾塞式的人类社会的弱肉强食、"丛林法则"，强调的是机械的唯物论，要么黑、要么白，要么胜、要么输，不懂辩证。而中国传统文化强调的是"中为大本""和则达道""致中和"，是中庸、折中、双赢。

西方许多人理解不了我们的"双赢"是什么意思。他们认为，你赢了我就输、我赢了你就输，怎么会双赢呢？双赢是不是说你要赢两次？所以美国在对外关系上强调必须要赢、要斗、要打，对外要攻击、要战争，发动贸易战、科技战、情报战、信息战、军事战等各种战，信奉强权、崇拜力量。

而中国呢？中国强调的是"德施普也""讲信修睦""以义制利""己所不欲、勿施于人"，强调以文化来包容文化。中华文化有一个很大的特点，就是包容性。

中国传统文化强调"以文化人"，不是武装占领、对外侵略扩张。中华民族爱好和平、没有对外侵略的习惯，这是由我们的文化决定的。我们今天倡导和主导构建"人类命运共同体"，而西方按照它的价值观，认为不可能有命运共同体，只有"零和"博弈、你死我活。他们认为，达尔文的生物进化论就决定了没有共同体，有的只是弱肉强食的生物链、食物链。

中国的文化决定了，我们能够主动去倡导和构建人类命运共同体，因为我们不是以大吃小、以大欺小为目的的。所以西方不理解中国文化，他们从价值观上就理解不了。

习近平总书记在党的二十大报告中指出："中华优秀传统文化源远流长、博大精深，是中华文明的智慧结晶，其中蕴含的天下为公、民为邦本、为政以德、革故鼎新、任人唯贤、天人合一、自强不息、厚德载物、讲信修睦、亲仁善邻等，是中国人民在长期生产生活中积累的宇宙观、天下观、社会观、道德观的重要体现，同科学社会主义主张具有高度契合性。"这是讲的马克思主义与中华优秀传统文化的契合之处。当然中华优秀传统文化与马克思主义还有区别，马克思主义有中华优秀传统文化中所不具备的东西。

中国知识分子需要但中华传统文化中不具备的东西，在马克思主义理论中还有许多，比如生产力与生产关系、剩余价值学说、唯物史观、无产阶级专政、共产党的建设、社会主义革命与建设等等。①习近平总书记在纪念马克思诞辰200周年大会上的重要讲话中，用"四个理论"对马克思主义作出精辟概括："马克思主义是科学的理论，创造性地揭示了人类社会发展规律"；"马克思主义是人民的理论，第一次创立了人民实现自身解放的思想体系"；"马克思主义是实践的理论，指引着人民改造世界的行动"；"马克思主义是不断发展的开放的理论，始终站在时代前沿"。②

这就解释了，为什么马克思主义与中国传统文化有相通之处、容易接受，但更有新意，务实管用，解决中国问题。在新中国诞生前夕，毛泽东同志在《唯心历史观的破产》一文中指出："自从中国人学会了马克思列宁主义以后，中国人在精神上就由被动转入主动。从这时起，近代世界历史上那种看不起中国人，看不起中国文化的时代应当完结了。"③

① 参见〔美〕熊玠著，李芳译：《大国复兴：中国道路为什么如此成功》，湖北教育出版社2016年版，第101—102页。

② 《纪念马克思诞辰200周年大会在京举行 习近平发表重要讲话》，《人民日报》2018年5月5日，第1版。

③ 《唯心历史观的破产》，《毛泽东选集》第4卷，人民出版社1991年版，第1516页。

三

马克思主义中国化的
第一次飞跃

（一）马克思的整个世界观不是教义而是方法

恩格斯曾说："马克思的整个世界观不是教义，而是方法。它提供的不是现成的教条，而是进一步研究的出发点和供这种研究使用的方法。"[①]"我认为，所谓社会主义社会不是一种一成不变的东西，而应当和其他任何社会制度一样，把它看成是经常变化和改革的社会。"[②]因此，马克思主义指导中国无产阶级的革命、建设和改革事业，必须与中国实际相结合、与中华优秀传统文化相结合，并且要不断地结合，从而在马克思主义中国化上实现一次又一次的飞跃。

纵观党一百余年的历史进程，中国共产党人以高度的理论自觉，坚持把马克思主义基本原理同中国具体实际相结合、同中华优秀传统文化相结合，推动马克思主义中国化实现了"第一次历史性飞跃"和两次"新的飞跃"，每次飞跃都创立或形成了一项重要的系统性理论成果。

（二）毛泽东思想的形成和发展

马克思主义中国化的"第一次历史性飞跃"，是在新民主主义革命时期、社会主义革命和建设时期完成的。

建党之初和大革命时期，党制定民主革命纲领，开展轰轰烈烈的大革命，但因国民党反动集团叛变革命而遭到惨重失败；土地革命战争时期，党领导发动南昌起义、秋收起义、广州起义等一系列武装起义，试图占领中心城市以取得全国胜利，这条道路随着武装起义的失败而宣告此路不通。挫折和失败教育了中国共产党人。毛泽东同志率领秋收起义余部向罗霄山脉中段进军，创建井冈山革命根据地，开始了农村包围城市、武装夺取政权的中国革命新道路的探索。

1929年1月，毛泽东、朱德等率领红四军主力下井冈山，向赣南、闽西进军，逐步形成中央革命根据地。

中央革命根据地在鼎盛时期的面积为8.4万平方千米，450多万人口，中央红军曾达到13万人。全国先后拥有13个革命根据地，总面积达40余万平方千米，相当于4个江苏省那么大，人口约3000万人。但是，这么大的"红色中国"的胜利果实，却因王明"左"倾教条主义的错误指导而几乎丧失殆尽。

王明在1931年1月召开的中共六届四中全会上取得中央领

①

《致威·桑巴特（1895年3月11日）》，《马克思恩格斯全集（第三十九卷）》，人民出版社1974年版，第406页。

②

《致奥托·伯尼克（8月21日）》，《马克思恩格斯全集（第三十七卷）》，人民出版社1971年版，第465页。

导权后，积极推行"城市中心论"，以实现所谓的"一省数省首先胜利"，并陆续向全国苏区派出代表团，逐步在苏区贯彻"左"的路线。

1931年4月，中共中央政治局候补委员，参与领导中央特科工作的顾顺章在武汉被捕叛变。6月，担任中央政治局常委会主席的向忠发在上海被捕叛变。这两人的叛变对中共中央机关和中共领导人员的安全造成极大威胁。在周恩来等的领导下，中央机关和中央领导人员被迅速转移，甚至有的撤离上海。

共产国际远东局书记米夫指定的代理书记王明找出种种借口，于1931年10月去莫斯科。周恩来于12月底到达中央革命根据地瑞金。留在上海的中央委员和政治局委员都不足半数。在王明和周恩来离开之前，共产国际远东局提议，驻上海的中共中央改为临时中央，在决定中共临时中央人选的会议上，王明提议博古负总责。

年仅24岁的博古聘请苏军总参谋部派来上海送钱营救牛兰夫妇的李德作为军事顾问。

1933年1月，博古率临时中央机关从上海迁驻瑞金，王明"左"倾错误开始在中央苏区得以蔓延。

1933年9月，蒋介石调集50万兵力和100架飞机，并在苏区周围修筑碉堡群，开始对中央苏区发动第五次"围剿"。

第一、二、三次反"围剿"，都是在毛泽东同志指挥下取得了胜利，第四次尽管毛泽东同志已失去军事指挥权，但周恩来、朱德等按照毛泽东同志的打法也取得了胜利。但第五次反"围剿"，由于博古把军事指挥权交给完全不懂中国国情的军事顾问李德，他实行军事冒险主义的方针，先是"御敌于国门之外"，后在红军进攻作战遭受几次挫折后，又转变为军事保守主义，采取消极防御的战略方针和"短促突击"的战术，致使红军陷于被动。中央红军在内线打破敌军的"围剿"已无可能，中央主要领导人决定将中央红军主力撤离根据地，踏上了漫漫长征路。

红军长征初期，由于受王明、李德等逃跑主义错误影响，队伍损失严重，湘江战役损失过半，后经过遵义会议确立了毛泽东的正确领导，红军长征才走上正确方向。

遵义会议之后，博古作为临时中央负责人思想上一直想不通。在1935年2月初，中央红军长征一渡赤水到达"鸡鸣三省"的村子改组中央，由张闻天代替博古负总责前，周恩来苦口婆心地同博古长谈。使博古深刻认识到当前取得胜利是最高原则，而只有毛泽东了解农民、"打仗很有一手"、适合做领袖。[①]周恩

① 参见石仲泉：《再论遵义会议——纪念遵义会议召开80周年》，《党的文献》2015年第1期。

来与博古的长谈，对顺利实现最高领导权力的交接起到重要作用。遵义会议确立以毛泽东同志为代表的党中央的正确领导，开启党独立解决中国问题的新阶段。

1936年10月在甘肃会宁实现红一、二、四方面军胜利会师，长征宣告胜利结束。

由第五次反"围剿"的失败到长征的胜利，是一次关于如何对待马克思主义、如何看待共产国际指示和苏联经验的实践大考和深刻教育。活生生的现实教育了中国共产党人。

1937年11月，王明回国来到延安。毛泽东同志在欢迎词中风趣地说："欢迎从昆仑山下来的'神仙'，欢迎我们敬爱的国际朋友，欢迎从苏联回来的同志们。你们回到延安来是一件大喜事，这就叫作'喜从天降'。"[①] 但是，回到延安后的王明，俨然是捧着尚方宝剑，不顾中国抗战的实际，全部照搬共产国际的"新政策"，反对中共中央关于抗日民族统一战线的独立自主原则。

1938年9月，中共扩大的六届六中全会在延安举行。会议批准了以毛泽东为代表的中央政治局的路线，克服了王明右倾

① 转引自刘益涛：《中流砥柱——抗战中的毛泽东》，中央文献出版社2005年版，第77页。

中共七大开幕式会场

错误对党的工作的干扰，重申党的独立自主地放手组织人民抗日武装斗争的方针。毛泽东同志在会上提出将马克思主义中国化的重大命题，号召全党必须努力学习马克思列宁主义理论，善于把马克思列宁主义和国际经验应用于中国的具体环境，反对教条主义。这次会议统一了全党的步调，推动了各项工作的迅速发展。毛泽东后来在中共七大上说："六中全会是决定中国之命运的。"党的七大正式将毛泽东思想写进党章："毛泽东思想，就是马克思列宁主义的理论与中国革命的实践之统一的思想，就是中国的共产主义、中国的马克思主义。毛泽东思想阐明了中国人民完整的革命新中国成立的理论，也建立了中国社会历史的理论，是一个科学的思想体系，是我们党的正确的指导思想。"正如党的十九届六中全会决议概括的，"在革命斗争中，以毛泽东同志为主要代表的中国共产党人，把马克思列宁主义基本原理同中国具体实际相结合，对经过艰苦探索、付出巨大牺牲积累的一系列独创性经验作了理论概括，开辟了农村包围城市、武装夺取政权的正确革命道路，创立了毛泽东思想"。[1]毛泽东思想的形成并正式确立为党的指导思想，成为我们党成熟的标志。

新中国成立后，随着社会主义改造基本完成，毛泽东同志总结苏联和中国社会主义建设实践的经验，提出马克思主义与中国实际"第二次结合"的任务，在经济、政治、文化建设等方面开创了有别于苏联模式的一系列中国社会主义建设的独创性理论成果，包括区分和处理两类不同性质的矛盾，处理我国社会主义建设的十大关系，在党与民主党派关系上实行"长期共存、互相监督"的方针，在科学文化工作中实行"百花齐放、百家争鸣"的方针等。

毛泽东思想是马克思列宁主义在中国的创造性运用和发展，是被实践证明了的关于中国革命和建设的正确的理论原则和经验总结，是马克思主义中国化的第一次历史性飞跃。毛泽东思想的"活的灵魂"是贯穿于各个组成部分的立场、观点、方法，体现为实事求是、群众路线、独立自主三个基本方面，为党和人民事业发展提供了科学指引。

①
《中共中央关于党的百年奋斗重大成就和历史经验的决议》，《人民日报》2021年11月17日，第1版。

四

中国特色社会主义理论体系

　　党的十九届六中全会《决定》在对邓小平理论、"三个代表"重要思想、科学发展观进行概括分析基础上,指出:"党深刻认识到,开创改革开放和社会主义现代化建设新局面,必须以理论创新引领事业发展。""党领导和支持开展真理标准问题大讨论,从新的实践和时代特征出发坚持和发展马克思主义,科学回答了建设中国特色社会主义的发展道路、发展阶段、根本任务、发展动力、发展战略、政治保证、祖国统一、外交和国际战略、领导力量和依靠力量等一系列基本问题,形成中国特色社会主义理论体系,实现了马克思主义中国化新的飞跃。"中国特色社会主义理论体系指导党和人民加快推进社会主义现代化进程,取得了经济建设、政治建设、文化建设、社会建设以及党的建设等一系列重大成就。

123

（一）邓 小 平 理 论

邓小平理论是以邓小平同志为主要代表的中国共产党人，在和平与发展成为时代主题的历史条件下，在继承马克思主义和毛泽东思想的基础上，总结我国社会主义胜利和挫折的历史经验并借鉴其他社会主义国家兴衰成败的历史经验，在推进我国改革开放和现代化建设的实践中，逐步形成和发展起来的。

1978年召开的党的十一届三中全会突破"两个凡是"的藩篱，重新确立了解放思想、实事求是的思想路线，果断停止使用"以阶级斗争为纲"的口号，作出把工作重点转移到社会主义现代化建设上来的战略决策，提出了在党和国家工作的各个方面进行改革的任务。之后，农村开始改革，对外开放的特区开始试点，加之不久前召开的全国科学大会和恢复高考、开放留学，我国在政治、经济和教育、科技等方面进行改革，在解放人们思想的同时，大大解放了社会生产力。1981年召开的党的十一届六中全会作出《关于建国以来党的若干历史问题的决议》，全面总结新中国成立以来32年党在正反两方面的历史经验，彻底否定"文化大革命"，标志着党在指导思想上拨乱反正的胜利完成。

1982年党的十二大召开，十二大报告把十一届三中全会为标志的伟大历史转变同遵义会议为标志的伟大历史转变相比拟，并且提出要"在新的历史条件下，在新的伟大实践中，积累新的经验，创造新的理论，把马克思列宁主义、毛泽东思想推向前进"。邓小平同志第一次明确提出建设有中国特色的社会主义的概念，在全党获得共识，从而向全世界昭告了新时期社会主义中国的根本走向。此后，我国改革开放的步伐进一步加快，由广大农村的率先突破向着城市推进，由几个特区试点向着沿海沿江和内地推进。改革目标也由十二大提出的"计划经济为主，市场调节为辅"，到十二届三中全会提出"有计划的商品经济"，再发展到十三大提出建立"计划与市场内在统一的体制"。1987年党的十三大，明确提出我国处于社会主义初级阶段，确定党在社会主义初级阶段的基本路线是"一个中心、两个基本点"（以经济建设为中心，坚持四项基本原则，坚持改革开放），提出我国现代化建设"三步走"的战略目标。

1992年春，邓小平同志先后赴武昌、深圳、珠海和上海等地视察，沿途发表了重要谈话，提出"革命是解放生产力，改革也是解放生产力""基本路线要管一百年""改革开放胆子要大一些，看准了的，就大胆地试、大胆地闯""计划多一点还是市场多一点，不是社会主义与资本主义的本质区别""社会主义的本质，是解放生产力，发展生产力，消灭剥削，消除两极分化，最终达到共同富裕"等等一系列重大判断和名言警句，被称为"南方谈话"。3月26日，《深圳特区报》率先发表了《东方风来满眼春——邓小平同志在深圳纪实》的重大社论报道。南方谈话成为把改革开放和现代化建设推向新阶段的又一个解放思想、实事求是的宣言书，对于我们党成功应对20世纪80年代末、90年代初国际国内政治风波严峻考验，继续推进改革开放和社会主义现代化建设，具有重大而深远的意义。1992年召开的党的十四大，第一次明确提出"我国经济体制改革的目标是建立社会主义市场经济体制"，提出"建设有中国特色社会主义的理论"。1997年党的十五大，明确提出"邓小平理论"这一概念，并且把邓小平理论确立为党的指导思想写进党章。

在改革开放和社会主义现代化建设新时期，以邓小平同志为主要代表的中国共产党人，正确分析判断和平与发展的时代主题，总结新中国成立以来正反两方面的经验，围绕什么是社会主义、怎样建设社会主义这一根本问题，借鉴世界社会主义历史经验，解放思想，实事求是，作出把党和国家工作重心转移到经济建设上来、实行改革开放的历史性决策，深刻揭示社会主义本质，确立社会主义初级阶段基本路线，明确提出走自己的路、建设中国特色社会主义，制定了分三步走、到21世纪中叶基本实现社会主义现代化的发展战略，科学回答了建设中国特色社会主义的一系列基本问题，创立了邓小平理论，成功开创了中国特色社会主义。

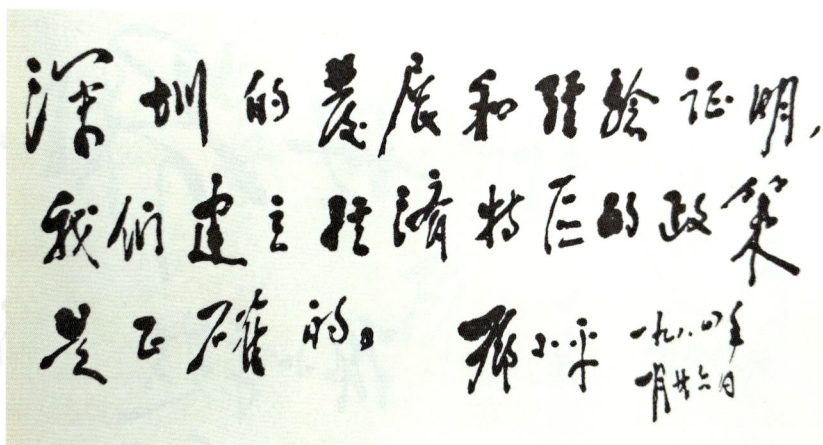

邓小平深圳题词

（二）"三个代表"重要思想

党的十三届四中全会以后，以江泽民同志为主要代表的中国共产党人，准确把握时代特征，科学判断党所处的历史方位，立足中国实践进行理论创新，逐步形成"三个代表"重要思想。

伴随改革开放的深入推进和社会生活的深刻变化，人民内部矛盾日趋复杂化和多样化，党内一部分党员干部存在着思想僵化、信念动摇、组织涣散、作风漂浮，特别是存在比较严重的腐败问题。如何进一步全面提高全党特别是党的干部队伍的素质，使党在思想上政治上组织上进一步巩固，经得起任何风险的考验，成为需要着力思考和解决的问题。与此同时，国际上，面对苏联解体后世界社会主义运动的严重挫折，中国共产党如何吸取教训，大力加强党的建设，不断提高执政能力和领导水平，在激烈的国际竞争中始终立于不败之地等问题也严峻地摆在全党面前。

2000年2月25日，江泽民同志在广东省考察工作时，首次对"三个代表"重要思想进行了比较全面的阐述，提出中国共产党之所以赢得人民的拥护，是因为中国共产党在革命、建设、改革的各个历史时期，总是代表着中国先进生产力的发展要求，代表着中国先进文化的前进方向，代表着中国最广大人民的根本利益，并通过制定正确的路线方针政策，为实现国家和人民的根本利益而不懈奋斗。

以江泽民同志为主要代表的中国共产党人，团结带领全党全国各族人民，坚持党的基本理论、基本路线，加深了对什么是社会主义、怎样建设社会主义和建设什么样的党、怎样建设党的认识，在国内外形势十分复杂，尤其是随着苏联解体、东欧剧变，世界社会主义出现严重曲折的严峻考验面前，捍卫了中国特色社会主义，确立了社会主义市场经济体制的改革目标和基本框架，确立了社会主义初级阶段公有制为主体、多种所有制经济共同发展的基本经济制度，确立了按劳分配为主体、多种分配方式并存的分配制度，开创全面改革开放新局面，推进党的建设新的伟大工程，形成了"三个代表"重要思想。党的十六大将"三个代表"重要思想写入党章，确立为党的指导思想。

（三）科学发展观

发展是实现现代化的过程，有什么样的发展观，就会有什么样的发展道路、发展模式和发展战略。改革开放之后，中国经济高速度发展，取得了辉煌成就，但同时也面临许多发展难题、挑战需要解决。比如，粗放型经济模式造成的高能源消耗、高环境污染等问题日益严重，粗放型经济增长方式已无力支撑我国进一步发展的需要；我国城乡之间、区域之间、经济社会发展之间的不协调状况愈益明显，贫富差距拉大；社会矛盾日益加剧，群体性事件居高不下，等等。如何认识我国发展出现的阶段性特征，如何解决这些矛盾和问题，创新发展方式，推动中国经济社会又好又快发展等问题又严峻地摆在全党面前。

党的十六大以后，以胡锦涛同志为主要代表的中国共产党人，不断推进党的理论创新，提出并实施以人为本、全面协调可持续发展的科学发展观。科学发展观的第一要义是发展，核心是以人为本，基本要求是全面协调可持续发展。强调坚持以人为本，以实现人的全面发展为目标；协调发展，统筹城乡、区域、经济社会等发展；可持续发展，促进人与自然的和谐，实现经济发展和人口、资源、环境相协调。

科学发展观深刻认识和回答了新形势下实现什么样的发展、怎样发展等重大问题，对抓住重要战略机遇期，聚精会神搞建设，一心一意谋发展，着力保障和改善民生，促进社会公平正义，推进党的执政能力建设和先进性建设，起到了重要指导作用，成功在新形势下坚持和发展了中国特色社会主义。党的十八大将科学发展观写入党章，确立为党的指导思想。

五

习近平新时代中国特色社会主义思想

党的十八大以来，以习近平同志为主要代表的中国共产党人，立足国内外形势新变化和中国特色社会主义新时代的伟大实践，勇于进行理论探索和创新，以全新的视野深化对共产党执政规律、社会主义建设规律、人类社会发展规律的认识，取得重大理论创新成果，作出许多原创性贡献，实现了马克思主义中国化的新飞跃，形成习近平新时代中国特色社会主义思想。

（一）新课题催生新理论

恩格斯在《反杜林论》中指出："一个民族要站在科学的高峰，就一刻也不能没有理论思维。"[①]社会存在决定社会意识。每一个历史发展阶段，都会相应产生特定的思想理论。习近平新时代中国特色社会主义思想是在中国特色社会主义进入新时代、科学社会主义迈向新阶段、当代世界经历新变局、我们党面临执政新考验的历史条件下形成和发展起来的。

习近平总书记在党的十九大报告中明确作出中国特色社会主义进入新时代的重大政治判断，这是我党所处的新的历史方位。新时代提出新课题。在十九届六中全会《决议》中将新时代的历史课题确定为"新时代坚持和发展什么样的中国特色社会主义、怎样坚持和发展中国特色社会主义，建设什么样的社会主义现代化强国、怎样建设社会主义现代化强国，建设什么样的长期执政的马克思主义政党、怎样建设长期执政的马克思主义政党"。新课题催生新理论。如何立足时代之基、回答时代之问、引领时代之变，摆在了中国共产党人面前。

当今世界，仍处于马克思所论述的社会主义同资本主义竞争的时代。由于以中国为代表的社会主义力量的增长，中国特色社会主义的成功发展，有力地宣告了"历史终结论"的终结，并且世界逐步出现"东升西降"的变化，世界上正视和相信马克思主义和社会主义的人多了起来，对于科学社会主义的理论思考和经验总结也历史地摆在了中国共产党人面前。

当今世界正经历百年未有之大变局。世界多极化、经济全球化、社会信息化、文化多样化深入发展，新一轮科技革命和产业变革蓬勃兴起，全球治理体系和国际秩序变革加速推进，世界面临的不稳定性、不确定性突出，世界经济增长乏力，单边主义、保护主义、霸权主义抬头，数字鸿沟和贫富差距扩大，极端主义和恐怖主义蔓延，军事冲突、重大传染性疾病、网络安全、气候变化等全球性挑战持续上升。面对世界经济、安全、治理中的一系列突出矛盾和问题，需要给出新的方向、新的方案、新的选择。

党的十八大以来，以习近平同志为核心的党中央，面对世情国情党情的变化与挑战，举旗定向、直面挑战、爬坡过坎、奋勇前行，统筹推进"五位一体"总体布局，协调推进"四个全面"战略布局，推动党和国家事业取得历史性成就、发生历史性变革，中国从来没有像今天这样接近中华民族伟大复兴，我国发展站到

①

《马克思恩格斯选集》第3卷，人民出版社1995年版，第467页。

了新的历史起点上。

面对国内外、党内外各种可以预见和难以预见的困难和问题，面对"四大考验"（长期执政考验、改革开放考验、市场经济考验、外部环境考验）、"四种危险"（精神懈怠危险、能力不足危险、脱离群众危险、消极腐败危险），以伟大自我革命推进伟大社会革命，党必须加深对共产党执政规律、自身建设规律、社会主义建设规律和人类社会发展规律的认识，不断展现新时代马克思主义政党强大的理论创新力、实践推动力与社会引领力。

以习近平同志为主要代表的中国共产党人，坚持把马克思主义同中国具体实际相结合、同中华优秀传统文化相结合，从新的实际出发，创立了习近平新时代中国特色社会主义思想。

（二）习近平新时代中国特色社会主义思想的核心内容

习近平新时代中国特色社会主义思想是坚定自觉坚持和发展马克思主义的典范，是坚持"两个结合"、勇于推进理论创新的产物，以全新的视野深化了对共产党执政规律、社会主义建设规律、人类社会发展规律的认识，实现了马克思主义中国化时代化新的飞跃。党的二十大报告进一步明确，党的十九大、十九届六中全会提出的"十个明确""十四个坚持""十三个方面成就"概括了习近平新时代中国特色社会主义思想的主要内容。党的二十大提出"六个必须坚持"，概括阐述了习近平新时代中国特色社会主义思想的世界观、方法论和贯穿其中的立场观点方法。

党的十九届六中全会《决议》在党的十九大报告"八个明确"的基础上，用"十个明确"对习近平新时代中国特色社会主义思想的核心内容作了进一步概括。

第一个是明确中国特色社会主义最本质的特征是中国共产党领导，中国特色社会主义制度的最大优势是中国共产党领导，中国共产党是最高政治领导力量，全党必须增强"四个意识"（政治意识、大局意识、核心意识、看齐意识）、坚定"四个自信"（中国特色社会主义道路自信、理论自信、制度自信、文化自信）、做到"两个维护"（坚决维护习近平总书记党中央的核心、全党的核心地位，坚决维护党中央权威和集中统一领导）。

比如在党的全面领导上，我们党吸取国际共产主义运动中放弃党的领导导致出现严重挫折、进入低潮的教训，强调必须坚持党的全面领导，决不能在这样关乎国本的根本性问题上犯无法弥补的大错。针对"党大还是法大"的疑问，习近平总书记旗帜鲜明地指出这是伪命题。社会上曾出现的所谓"政党执政多元化""国企改革私有化""军队国家化"等观点，其根本目的在于否定党的领导，必须旗帜鲜明地予以严厉批驳和坚决反对。

第二个是明确坚持和发展中国特色社会主义，总任务是实现社会主义现代化和中华民族伟大复兴，在全面建成小康社会的基础上，分两步走，在21世纪中叶建成富强民主文明和谐美丽的社会主义现代化强国，以中国式现代化推进中华民族伟大复兴。

比如对中国式现代化问题，习近平总书记在庆祝中国共产党成立100周年大会上的重要讲话中指出："中国特色社会主义是党和人民历经千辛万苦、付出巨大代价取得的根本成就，是实现中华民族伟大复兴的正确道路。我们坚持和发展中国特色社会主义，推动物质文明、政治文明、精神文明、社会文明、生态文明协调发展，创造了中国式现代化新道路，创造了人类文明新形态。"[1]

中国人对现代化道路的探索，最早通过发起洋务运动等模仿英国、法国等西方列强推动现代化，但始终没有成功；后来又以俄为师、走上全面学习苏联社会主义现代化的道路，也是一波三折；经过艰辛探索，特别是改革开放以来中国特色社会主义道路的成功实践，最终超越了西方模式与苏联模式，开创了"中国式现代化新道路"。

中国特色社会主义进入新时代，以习近平同志为核心的党中央统揽伟大斗争、伟大工程、伟大事业、伟大梦想，对新时代中国特色社会主义发展作出战略安排，提出在全面建成小康社会的基础上，到2035年基本实现社会主义现代化，到21世纪中叶把我国建成富强民主文明和谐美丽的社会主义现代化强国。

党的二十大报告明确提出：从现在起，中国共产党的中心任务就是团结带领全国各族人民全面建成社会主义现代化强国、实现第二个百年奋斗目标，以中国式现代化全面推进中华民族伟大复兴。

习近平总书记在二十大报告及在新进中央委员、候补委员和省部级主要领导干部学习贯彻习近平新时代中国特色社会主义思想和党的二十大精神研讨班开班式上，系统概括了中国式现代化理论。

深刻阐明中国式现代化的中国特色。强调中国式现代化是中国共产党领导的社会主义现代化，既有各国现代化的共同特征，更有基于自己国情的中国特色：中国式现代化是人口规模巨大的现代化，是全体人民共同富裕的现代化，是物质文明和精神文明相协调的现代化，是人与自然和谐共生的现代化，是走和平发展道路的现代化。

[1] 习近平：《在庆祝中国共产党成立100周年大会上的讲话》，《求是》2021年第14期。

揭示中国式现代化的本质要求。坚持中国共产党领导，坚持中国特色社会主义，实现高质量发展，发展全过程人民民主，丰富人民精神世界，实现全体人民共同富裕，促进人与自然和谐共生，推动构建人类命运共同体，创造人类文明新形态。

确定推进中国式现代化建设的重大原则。坚持和加强党的全面领导、坚持中国特色社会主义道路、坚持以人民为中心的发展思想、坚持深化改革开放、坚持发扬斗争精神。

强调中国式现代化是一种全新的人类文明形态。习近平总书记指出："当代中国的伟大社会变革，不是简单延续我国历史文化的母版，不是简单套用马克思主义经典作家设想的模板，不是其他国家社会主义实践的再版，也不是国外现代化发展的翻版。"①中国式现代化道路所开辟的是一种既不同于西方式资本主义现代性文明、也不同于苏联式社会主义现代性文明的现代性文明新形态。中国人民的实践探索和发展成就雄辩地说明，世界上既不存在定于一尊的现代化模式，也不存在放之四海而皆准的现代化标准。中国式现代化摒弃了西方以资本为中心的现代化、两极分化的现代化、物质主义膨胀的现代化、对外扩张掠夺的现代化老路，打破了"现代化＝西方化"的迷思，拓展了发展中国家走向现代化的途径，为人类对更好社会制度的探索提供了"中国方案"。

提出需要正确处理一系列重大关系。推进中国式现代化是一个系统工程，必须用系统论的观点，统筹兼顾、系统谋划、整体推进，需要正确处理一系列重大关系，比如要正确处理顶层设计与实践探索、战略与策略、守正与创新、效率与公平、活力与秩序、自立自强与对外开放等关系。

中国式现代化是植根于中国大地、反映人民意愿、适应中国和时代发展进步要求的科学的现代化之路。习近平总书记关于中国式现代化理论的系统论述，把我们党对中国式现代化的认识提升到一个新的高度，为全面建成社会主义现代化强国、以中国式现代化全面推进中华民族伟大复兴提供了根本遵循。

第三个是明确新时代我国社会主要矛盾是人民日益增长的美好生活需要和不平衡不充分的发展之间的矛盾，必须坚持以人民为中心的发展思想，发展全过程人民民主，推动人的全面发展、全体人民共同富裕取得更为明显的实质性进展。

比如在共同富裕问题上，社会主义的本质是解放生产力，发展生产力，消灭剥削，消除两极分化，逐渐达到共同富裕。党的十八大以来，党中央把逐步实现全体人民共同富裕摆在更加重要的位置，扎实推动实现全体人民共同富裕进入新的历史阶段。习近平总书记指出："共同富裕是社会主义的本质要求，是中国式现代化的重要特征。我们说的共同富裕是全体人民共同富裕，是人民群众物质生活和精神生活都富裕，不是少数人的富裕，也不是整齐划一的平均主义。"①两极分化不是社会主义，平均主义也不是社会主义。在允许一部分人先富起来，依法保护合法收入的同时，还要防止两极分化、消除分配不公。强调共同富裕，不是同步富裕，不是平均富裕，不是绝对富裕，而是先富带后富、帮后富。"幸福生活都是奋斗出来的，共同富裕要靠勤劳智慧来创造"，重点鼓励辛勤劳动、合法经营、敢于创业的致富带头人，是兼顾公平与效率的富裕。共同富裕是一个长远目标，需要一个过程，不可能一蹴而就。社会主义分配方式是以按劳分配为主体，多种分配方式共存，包括按生产要素的贡献分配、政府的再分配调节机制、社会的再分配调节方式等，通过构建初次分配、再分配、三次分配协调配套的基础性制度安排，使全体人民朝着共同富裕目标扎实迈进。

第四个是明确中国特色社会主义事业总体布局是经济建设、政治建设、文化建设、社会建设、生态文明建设"五位一体"，战略布局是全面建设社会主义现代化国家、全面深化改革、全面依法治国、全面从严治党"四个全面"。

比如在生态文明建设上，党的十八大以来，以习近平同志为核心的党中央，把生态文明建设纳入"五位一体"总体布局，推动形成习近平生态文明思想。习近平总书记指出："在'五位一体'总体布局中生态文明建设是其中一位，在新时代坚持和发展中国特色社会主义基本方略中坚持人与自然和谐共生是其中一条基本方略，在新发展理念中绿色是其中一大理念，在三大攻坚战中污染防治是其中一大攻坚战。这'四个一'体现了我们党对生态文明建设规律的把握，体现了生态文明建设在新时代党和国家事业发展中的地位，体现了党对建设生态文明的部署和要求。各地区各部门要认真贯彻落实，努力推动我国生态文明建设迈上新台阶。"②早在2005年，时任中共浙江省委书记的习近平同志到浙江省安吉县天荒坪镇余村考察时首次提出了"绿水青山就是金山银山"（简称"两山"）的重要理念，要求必须像对待生命一样对待生态环境。自习近平同志提出"两山"理念以来，余村干部群众坚定不移地走生产发展、生活

①

习近平：《扎实推动共同富裕》，《求是》2021年第20期。

②

《习近平在参加内蒙古代表团审议时强调保持加强生态文明建设的战略定力守护好祖国北疆这道亮丽风景线》，《人民日报》2019年3月6日，第1版。

富裕、生态良好的文明发展之路,大力发展生态休闲乡村旅游,实现美丽环境与美丽经济的共建共赢,村里建成文化礼堂、"两山"文化展示馆、文体广场、农家书屋、数字电影院,还有9支文艺队伍和100余位农村文化能人活跃乡间。成为一个村强、民富、景美、人和的全国文明村,成为"两山"理念形成的地标和绿水青山源源不断地转化为金山银山的一个缩影。我们必须牢固树立并全面践行"绿水青山就是金山银山"的理念,更加自觉地推进绿色发展、循环发展、低碳发展,坚持走生产发展、生活富裕、生态良好的文明发展道路。

第五个是明确全面深化改革总目标是完善和发展中国特色社会主义制度、推进国家治理体系和治理能力现代化。

比如,在坚持和完善人民当家作主制度体系、发展社会主义民主政治上,我国是工人阶级领导的、以工农联盟为基础的人民民主专政的社会主义国家,国家的一切权力属于人民。必须坚持人民主体地位,坚定不移走中国特色社会主义政治发展道路,确保人民依法通过各种途径和形式管理国家事务,管理经济文化事业,管理社会事务。坚持人民当家作主,发展人民民主,密切联系群众,紧紧依靠人民推动国家发展的显著优势。我们国家的名称,我们各级国家机关的名称都冠以"人民"的称号,这是我国社会主义国家政权基本定位的写照。

习近平总书记强调,我们走的是一条中国特色社会主义政治发展道路,人民民主是一种全过程的民主,所有的重大立法决策都是依照程序、经过民主酝酿,通过科学决策、民主决策产生的。中国的民主不仅是政治选举时的民主,从选举到协商、到管理、到监督,人民全过程参与,还有微观工作和日常生活中的民主。

青山绿水的余村

　　有些国家的人民是有投票权,但如果只有投票的权利而没有广泛参与的权利,人民只有在投票时被唤醒、投票后就进入休眠期,这样的民主是形式主义的。

　　中国式民主的特质在于,在所有可能的选项中,通过民主选择出最佳的方案。比如在选择领导人时,除了法定的选举程序之外,还需要有协商的过程,这就保证了能够选择出最有经验和能力的人,而不像西方那样非此即彼地做简单选择。西班牙的比埃托·鲁维多在《阿贝赛报》撰文指出,中国"任人唯贤的制度使得只有最优秀的人才能到执政党权力金字塔的最高层"。党和政府不仅出台政策要经过反复论证,往往先在局部做试验,看看还存在什么问题,群众反映如何,这样才能逐步推开。德国有一份以激发思考作为办报方针的著名报纸,叫《法兰克福汇报》。2021年1月13日,该报刊登一篇题为《中国在中西制度比较中胜出》的文章,该文认为"现有的自由民主国家已证明更加不稳定,更危险。事实证明,共产党中国现有的政体非常成功"。

　　第六个是明确全面推进依法治国总目标是建设中国特色社会主义法治体系、建设社会主义法治国家。

　　比如在建设法治政府、推进依法行政上,习近平总书记指出:"任何组织和个人都不得有超越宪法法律的特权,绝不允许以言代法、以权压法、逐利违法、徇私枉法。"[1]切实增强法治意识,清除官本位、特权思想等的影响,牢固树立宪法法律权威至上的思想观念。

　　依法决策是依法行政的起点和前提。党的二十大报告要求转变政府职能,优化政府职责体系和组织结构,推进机构、职能、权限、程序、责任法定化。[2]党的十九大报告要求"健全依法决策机制,构建决策科学、执行坚决、监督有力的权力运行机制。"[3]党的十八届四中全会审议通过的《中共中央关于全面推进依法治国若干重大问题的决定》,把公众参与、专家论证、风险评估、合法性审查、集体讨论决定,确定为重大行政决策法定程序,确保"决策制度科学、程序正当、过程公开、责任明确"。针对许多地方存在的决策的法治化水平不高,程度不同地存在乱决策、违法决策、专断决策、拍脑袋决策、应决策而不决策等问题,进一步明确重大行政决策的程序和制度,明确决策的事项、主体、权限、程序和责任,以科学、刚性的决策制度约束规范决策行为,切实提高决策质量,控制决策风险,提高行政效率,

①
习近平:《决胜全面建成小康社会 夺取新时代中国特色社会主义伟大胜利——在中国共产党第十九次全国代表大会上的报告》,人民出版社2017年版,第39页。

②
参见习近平:《高举中国特色社会主义伟大旗帜　为全面建设社会主义现代化国家而团结奋斗——在中国共产党第二十次全国代表大会上的报告》,人民出版社2022年版,第41页。

③
习近平:《决胜全面建成小康社会 夺取新时代中国特色社会主义伟大胜利——在中国共产党第十九次全国代表大会上的报告》,人民出版社2017年版,第37页。

①
参见袁曙宏:《健全
依法决策机制》,《经
济日报》2014年11月
27日,第8版。

避免因不当决策损害国家和人民群众的利益,影响党和政府形象。①落实重大决策终身责任追究制度。党的十八届四中全会《决定》指出:"建立重大决策终身责任追究制度及责任倒查机制,对决策严重失误或者依法应该及时作出决策但久拖不决造成重大损失、恶劣影响的,严格追究行政首长、负有责任的其他领导人员和相关责任人员的法律责任。"从制度上确保权责一致、用权担责、责跟权走、权乃一时而责为终身,使决策者有责受追、终身担责而不得不依法决策、谨慎用权,从而有效避免拍脑袋决策、拍胸脯实施、拍屁股走人而责任无法追究的现象。

同时,积极发挥政府法制机构和法律顾问在重大决策中的作用。譬如浙江宁波等地通过在法院、检察院等部门干部中选聘法治促进员进驻到村,实现"一村一法律顾问",帮助协调解决村党支部委员会、村民委员会(简称"村两委")依法决策、普法宣传、法律纠纷等问题,为"村两委"及村民提供一对一、一对多的法律服务。

第七个是明确必须坚持和完善社会主义基本经济制度,使市场在资源配置中起决定性作用,更好发挥政府作用,把握新发展阶段,贯彻创新、协调、绿色、开放、共享的新发展理念,加快构建以国内大循环为主体、国内国际双循环相互促进的新发展格局,推动高质量发展,统筹发展和安全。

比如在高质量发展上,党的二十大报告强调高质量发展是全面建设社会主义现代化国家的首要任务。坚持以推动高质量发展为主题,把实施扩大内需战略同深化供给侧结构性改革有机结合起来,增强国内大循环内生动力和可靠性,提升国际循环质量和水平,加快建设现代化经济体系,着力提高全要素生产率,着力提升产业链供应链韧性和安全水平,着力推进城乡融合和区域协调发展,推动经济实现质的有效提升和量的合理增长。习近平总书记提出实现由过去高速度发展到高质量发展的转变,构建现代化经济体系,这是一个重大创新。高质量发展,就是能够很好满足人民日益增长的美好生活需要的发展,是体现新发展理念的发展,是创新成为第一动力、协调成为内生特点、绿色成为普遍形态、开放成为必由之路、共享成为根本目的的发展。推动高质量发展,就要建设现代化经济体系。

我们过去强调高速度,比如制造手机,曾有一段时间,美国等通过禁售高端芯片把我们卡住了,有钱都买不来。因此必须实施创新驱动战略,建立现代化经济体系,实现由高速度到高质量的发展，冲破技术的壁垒，走向价值链的上端、头部，在世界竞争当中立于不败之地。

第八个是明确党在新时代的强军目标是建设一支听党指挥、能打胜仗、作风优良的人民军队，把人民军队建设成为世界一流军队。

比如在军事斗争准备上，由于世界百年未有之大变局加速演进，新冠病毒感染疫情对国际格局产生深刻影响，美国从上到下都已经把中国作为首要战略竞争对手，频繁插手台湾问题，我国安全形势不确定性不稳定性增大。习近平总书记指出："强国必须强军，军强才能国安。坚持和发展中国特色社会主义，实现中华民族伟大复兴，必须统筹发展和安全、富国和强军。"[①]要坚持政治建军、改革强军、科技强军、人才强军、依法治军，全面推进军事理论、军队组织形态、军事人员、武器装备现代化，加快机械化信息化智能化融合发展，全面加强练兵备战，确保实现国防和军队现代化目标任务。全面加强新时代人民军队党的领导和党的建设工作，建立健全中国特色社会主义军事政策制度体系，在新的起点上做好军事斗争准备工作。

第九个是明确中国特色大国外交要服务民族复兴、促进人类进步，推动建设新型国际关系，推动构建人类命运共同体。

比如在构建有中国特色的大国外交上，始终围绕服务民族复兴、促进人类进步这条主线，使我国对外工作有鲜明的中国特色、中国风格、中国气派。

党的十八大以来，习近平总书记高度重视和充分发挥元首外交在处理国际关系中的战略引领作用，亲自谋划推进"元首外交"，遍访世界上主要的国家和国际组织，接待众多的外国元首访华。仅在2022年北京冬奥会期间，就有25位外国元首、政要、王室成员和至少7位国际组织负责人到访，无论大小，中国接待时都一视同仁，通过冬奥会元首外交最大程度体现了中方的情理相交、真诚温暖，反映出中国推动构建全球伙伴关系经受住了逆全球化的考验，说明中国元首外交的引领作用得到进一步凸显。譬如，大家熟知的到访的摩纳哥阿尔贝二世亲王，他在逛庙会时对冰墩墩面塑表现出浓厚的兴趣。开幕式第二天，习近平总书记与阿尔贝二世亲王会晤，习近平总书记第一个话题就是："听说你准备带一对'冰墩墩'回去，带给你的双胞胎孩子。希望他们今后也能够对冰雪运动感兴趣，如你一样成为冰雪运动健将。"[②]

① 《习近平在中央政治局第二十二次集体学习时强调统一思想坚定信心鼓足干劲抓紧工作奋力推进国防和军队现代化建设》，《人民日报》2020年8月1日，第1版。

② 《携手向未来的团结交响——记习近平主席出席北京冬奥会开幕式并举行系列外事活动》，《人民日报》2022年2月8日，第1版。

①
习近平：《决胜全面建成小康社会夺取新时代中国特色社会主义伟大胜利——在中国共产党第十九次全国代表大会上的报告》，人民出版社2017年版，第63页。

②
习近平：《关于坚持和发展中国特色社会主义的几个问题》，《求是》2019年第7期。

习近平总书记利用元首外交讲中国故事、传播中国好声音，他同许多国家元首成为好朋友，大大提升了我国国际影响力，为推动构建人类命运共同体，积极发展全球伙伴关系，积极参与全球治理体系改革和建设，推进国际抗疫合作，共同应对全球性问题和挑战，促进世界和平与发展作出了重大贡献。

第十个是明确全面从严治党的战略方针，提出新时代党的建设总要求，全面推进党的政治建设、思想建设、组织建设、作风建设、纪律建设，把制度建设贯穿其中，深入推进反腐败斗争，落实管党治党政治责任，以伟大自我革命引领伟大社会革命。

比如在坚定理想信念上，习近平总书记高度重视对党员干部的理想信念教育，强调"要把坚定理想信念作为党的思想建设的首要任务"。①

针对戈尔巴乔夫的"新思维"造成的苏共思想混乱的后果，习近平总书记明确指出："苏联为什么解体？苏共为什么垮台？一个重要原因就是意识形态领域的斗争十分激烈，全面否定苏联历史、苏共历史，否定列宁，否定斯大林，搞历史虚无主义，思想搞乱了，各级党组织几乎没任何作用了，军队都不在党的领导之下了。最后，苏联共产党偌大一个党就作鸟兽散了，苏联偌大一个社会主义国家就分崩离析了。这是前车之鉴啊！"②

2022年2月20日，北京第二十四届冬季奥林匹克运动会闭幕式在国家体育场举行。解放日报记者　海沙尔　摄

有鉴于此，一方面，习近平总书记强调，共产主义远大理想和中国特色社会主义共同理想，是共产党人的精神支柱和政治灵魂，是精神之钙，是党的事业兴旺发达的根本所在，全党必须始终不忘初心，坚定马克思主义信仰、信念和信心，切实把好思想观念上的"总开关"。为进一步巩固和增强广大党员的理想信念，党的十九届四中全会提出"建立不忘初心、牢记使命的制度"和"坚持马克思主义在意识形态领域指导地位的根本制度"等要求。另一方面，必须牢牢掌握意识形态工作领导权、管理权、话语权。当今世界，意识形态领域看不见硝烟的战争无处不在，一个政权的瓦解往往是从思想领域开始的，政治动荡、政权更迭可能在一夜之间发生，但思想演化是个长期过程。思想防线被攻破了，其他防线也就很难守住。因此在意识形态领域斗争上，我们没有任何妥协、退让的余地。要不断巩固壮大主流思想舆论，在重大政治原则和大是大非问题上敢于发声亮剑，坚决抵制错误的社会思潮，特别是要警惕和抵制历史虚无主义对我们党的不良影响。

"十四个坚持"，就是坚持党对一切工作的领导，坚持以人民为中心，坚持全面深化改革，坚持新发展理念，坚持人民当家作主，坚持全面依法治国，坚持社会主义核心价值体系，坚持在发展中保障和改善民生，坚持人与自然和谐共生，坚持总体国家安全观，坚持党对人民军队的绝对领导，坚持"一国两制"和推进祖国统一，坚持推动构建人类命运共同体，坚持全面从严治党。

"十三个方面成就"，就是在坚持党的全面领导、全面从严治党、经济建设、全面深化改革开放、政治建设、全面依法治国、文化建设、社会建设、生态文明建设、国防和军队建设、维护国家安全、坚持"一国两制"和推进祖国统一、外交工作等方面取得的历史性成就和发生的历史性变革。

"六个必须坚持"，就是必须坚持人民至上、必须坚持自信自立、必须坚持守正创新、必须坚持问题导向、必须坚持系统观念、必须坚持胸怀天下。

"十个明确""十四个坚持""十三个方面成就""六个必须坚持"内在贯通、有机统一，共同构成了习近平新时代中国特色社会主义思想的科学体系。

习近平新时代中国特色社会主义思想是新时代以来我们党取得的根本思想理论成果。这一思想理论成果，是在世界面临百年未有之大变局、中华民族伟大复兴进入关键时期的时代条件下，以习近平为主要代表的中国共产党人，以强烈的历史主动精神，在实践基础上进行理论探索和创新的成果，是全党全国各族人民实践经验和集体智慧的结晶，是立足时代之基、回答中国之问、世界之问、人民之问、时代之问的科学理论。习近平总书记以马克思主义政治家、思想家、战略家的历史主动精神、非凡理论勇气、卓越政治智慧、强烈使命担当，以"我将无我，不负人民"的赤子情怀，应时代之变迁、立时代之潮头、发时代之先声，提出一系列原创性的治国理政新理念新思想新战略，为习近平新时代中国特色社会主义思想的创立和发展发挥了决定性作用、作出了决定性贡献。习近平新时代中国特色社会主义思想，是党和人民实践经验和集体智慧的结晶。习近平总书记是这一思想的主要创立者。

（三）以习近平新时代中国特色社会主义
思想武装头脑、指导实践、推动工作

党的十八大以来的伟大实践，是在习近平新时代中国特色社会主义思想的科学指导下开展的，同时这一伟大实践又不断丰富、检验和发展习近平新时代中国特色社会主义思想，深刻揭示这一伟大思想的科学性、真理性、实践性。新时代的新实践充分证明，习近平新时代中国特色社会主义思想是当代中国马克思主义、21世纪马克思主义，是中华文化和中国精神的时代精华，是马克思主义中国化新的飞跃。党确立习近平同志党中央的核心、全党的核心地位，确立习近平新时代中国特色社会主义思想的指导地位，反映了全党全军全国各族人民的共同心愿，对新时代党和国家事业发展、对推进中华民族伟大复兴历史进程具有决定性意义。

中国共产党立志于中华民族千秋伟业，百年恰是风华正茂。实现中华民族伟大复兴，必须认真学习贯彻习近平新时代中国特色社会主义思想，以此武装全党，教育人民，指导实践，推动工作。

第一是要统一思想、提高认识，增强学习宣传贯彻的思想自觉和行动自觉。在当代中国，坚持和发展习近平新时代中国特色社会主义思想，就是真正坚持和发展马克思主义，就是真正坚持和发展科学社会主义。党的十九大把习近平新时代中国特色社会主义思想写进党章，确立为我们党的指导思想；十三届全国人大一次会议把习近平新时代中国特色社会主义思想载入宪法，实现了党和国家指导思想的与时俱进。必须坚持习近平新时代中国特色社会主义思想指导地位不动摇，增强学习宣传贯彻的思想自觉和行动自觉，切实做到学思用贯通、知信行合一。

第二是要牢牢掌握和吃透习近平新时代中国特色社会主义思想的重要内容和核心要义。习近平新时代中国特色社会主义思想从理论和实践结合上深入回答了新时代坚持和发展什么样的中国特色社会主义、怎样坚持和发展中国特色社会主义，建设什么样的社会主义现代化强国、怎样建设社会主义现代化强国，建设什么样的长期执政的马克思主义政党、怎样建设长期执政的马克思主义政党等重大时代课题，内容涵盖改革发展稳定、内政外交国防、治党治国治军等方方面面，构成一个完整的科学体系。党员干部必须全面系统深入把握这一思想的核心要义、精神实质、丰富内涵、实践要求，比如不忘初心、牢记使命的鲜明主题，以人民为中心的价值立场和主线，胸怀和统筹两个大局

的战略定力，构建人类命运共同体的大国担当，社会革命和自我革命的重要论断，等等。将习近平总书记对各领域提出的新理念、新思想、新战略，对各方面工作提出的具体要求，放在整个科学体系中认识和把握，做到一体学习、融会贯通，不断增强政治认同、思想认同、理论认同和情感认同。

第三是要学习掌握贯穿其中的马克思主义的立场、观点、方法。习近平新时代中国特色社会主义思想蕴含着丰富的马克思主义的立场观点方法，丰富和发展了马克思主义价值论、唯物论、实践论、认识论、方法论和历史观。我们一定要深刻认识和把握好习近平新时代中国特色社会主义思想的世界观和方法论，坚持好、运用好贯穿其中的马克思主义立场观点和方法，真正做到学懂、弄通、做实，内化于心、外化于行。

第四是要坚持理论联系实际的马克思主义学风。学习的目的全部在于运用。学习习近平新时代中国特色社会主义思想的目的在于统一思想、指导实践、推动发展。党员干部必须紧密联系自己的工作、生活和学习实际，做到学以致用、知行合一，真正把对习近平新时代中国特色社会主义思想的学习成效，转化为增强觉悟、提高本领、做好工作、推动发展的生动实践，切实做到学思用贯通、知信行统一。

第 四 章

自我革命：

跳出历史周期率的第二个答案

在百年奋斗历程中，党领导人民取得一个又一个伟大成就、战胜一个又一个艰难险阻，历经千锤百炼仍朝气蓬勃，得到人民群众支持和拥护，原因就在于党敢于直面自身存在的问题，勇于自我革命，始终保持先进性和纯洁性，不断增强创造力、凝聚力、战斗力，永葆马克思主义政党本色。

——《习近平在省部级主要领导干部学习贯彻党的十九届六中全会精神专题研讨班开班式上发表重要讲话强调继续把党史总结学习教育宣传引向深入　更好把握和运用党的百年奋斗历史经验》，《人民日报》2022年1月12日，第1版我们党历史这么长、规模这么大、执政这么久，如何跳出治乱兴衰的历史周期率？毛泽东同志在延安的窑洞里给出了第一个答案，这就是"只有让人民来监督政府，政府才不敢松懈"。经过百年奋斗特别是党的十八大以来新的实践，我们党又给出了第二个答案，这就是自我革命。①

①
《以史为鉴、开创未来，埋头苦干、勇毅前行》，《人民日报》
2020 年 1 月 2 日，第 1 版。

"八项规定改变中国"

一

"革别人命易、革自己命难"

① 马克思:《路易·波拿巴的雾月十八日》,《马克思恩格斯全集(第八卷)》,人民出版社1961年版,第156页。

由于阶级属性的限制,无产阶级及其政党之外的其他阶级、政党,不能自己解决自己的问题,不能进行自我革命。而无产阶级与其他任何政治力量不同的地方,在于它"经常批判自己"[①],进行自我革命,从而长期保持自身的先进性、纯洁性。

144

（一）地　主　阶　级

中国历史上的王朝更迭，呈现出明显的规律性轨迹，初期顺应民心，能够励精图治，遂致天下太平，后期骄奢淫逸，搞得民怨沸腾，终致改朝换代。这就是1945年7月黄炎培造访延安时同毛泽东同志在窑洞里直言的："我生六十多年，耳闻的不说，所亲眼看到的，真所谓'其兴也勃焉''其亡也忽焉'，一人、一家、一团体、一地方，乃至一国家，不少单位都没有能跳出这周期率的支配……"[①]其原因就是不能做到自我革命。

"升官发财"是封建官吏的价值追求和共识，"三年清知府，十万雪花银"，成为普遍现象。封建官吏利用手中的权力强占勒索、贪污受贿、监守自盗，聚敛大量不义之财。最典型的是清乾隆朝军机大臣和珅。按照中国学者萧一山的观点，甲午、庚子两次赔款总额，仅和珅一人之家产足以当之。按照哈佛大学汉学家费正清的研究，和珅的家产以当时的美元来计算，价值在10亿美元以上，换到今天就是几千亿美元。现在一般认为和珅家产在11亿两白银以上。

清政府搞"仿行立宪"，要设议会、内阁，最后却搞了一个皇族内阁，都是皇亲国戚在里面，不可能真的像日本、英国那样，搞君主立宪制度。

曾国藩、李鸿章、左宗棠、张之洞等人发起的洋务运动，提出"富国强兵""中学为体，西学为用"的口号，但其阶级局限性十分明显，他们所强的国，依然是封建王朝，所强的兵，是承担维护封建统治的武装力量，所要维系的中学之"体"，实际上是封建统治思想。

正是因为封建阶级的局限，决定了其统治集团缺乏自我革命精神，面对自身问题不敢刀刃向内、壮士断腕，以致落后于时代、背离了人民。

（二）农　民　阶　级

中国作为一个传统的农业国，农民占人口的绝大多数，中国的进步发展离开了农民肯定是一事无成。但是，农民阶级完全靠自己的组织是完成不了反帝反封建的历史任务的，他们没有能力进行自我革命。

太平天国运动是中国农民起义的最高峰，其最主要的代表人

①
黄炎培：《延安归来》，华中新华出版社印，中华民国三十四年（1945年）十一月，第34—35页。

物就是天王洪秀全。洪秀全本质上就是一个农民。他科举一败再败,后来创立了拜上帝教,到广西紫荆山区发动农民,去传教。他发动金田起义,轰轰烈烈、势不可挡,直至占领了南京。这么一场规模宏大的农民起义,因为农民领袖们不能做到自我革命,最后还是走向了覆灭。

天王洪秀全封了2700多个王。与过去王朝不同的是,洪秀全没等定都就开始封王。最初的也是最重要的是东王、西王、南王、北王、翼王这五个王,明确东王以下皆由东王节制。

东王杨秀清出身穷苦,自幼父母双亡,由同族长辈养大,家里无田地可耕,靠着深山烧炭勉强生活。作为拜上帝会创始人之一的冯云山到杨秀清的家乡广西紫荆山区传教,杨秀清便加入了拜上帝会。随着拜上帝会影响日盛,当地地主团练王作新将冯云山告上桂平县衙,冯云山被关押在了大牢里。而此时的洪秀全也离开紫荆山区到广州办事。洪秀全、冯云山两个核心人物的离开,造成紫荆山区拜上帝会会众群龙

洪秀全

无首、人心涣散。最终，杨秀清和萧朝贵联合，杨秀清假装是天父下凡，萧朝贵假装是天兄下凡，分别以"天父""天兄"附身的名义发言取得信任，稳住了局势。从此，杨秀清、萧朝贵跻身拜上帝会高层，甚至在宗教地位上已经超过洪秀全，这为后来天京事变的发生埋下了种子。

本来太平天国实行的是圣库制度，男女别营，取消家庭，取消私有财产。但为人所不知的是，洪秀全在天京使用的马桶竟是黄金打造的；金田起义的时候，洪秀全就有15个小老婆了。他到了天京以后有88个老婆，超过了封建皇帝的三宫六院七十二妃。在宗教地位上，杨秀清是天父的化身，而洪秀全连萧朝贵都不如，是天父的次子，但这层窗户纸还不能戳破，戳破了之后军心就会大乱。定都天京以后，洪秀全与杨秀清之间矛盾日益尖锐，意见有不一致的时候杨秀清就天父附体、发号施令，于是洪秀全示意北王韦昌辉率军进驻天京大开杀戒，发生了天京事变，太平天国从此衰落。

太平天国本来是反对清王朝反动统治的，但也正是由于其旧式农民战争的性质，决定了最后自己必然走向了反面，成为封建的代表。正如刘少奇所说："历代的革命者，一到他们进行的事业得到胜利和成功以后，少有不腐化、不堕落的。他们失去了原有的革命性，成为革命进一步发展的障碍物。"[1]所以，当毛泽东同志和黄炎培在窑洞里面对谈"历史周期率"，毛泽东同志提出"只有让人民来监督政府，政府才不敢松懈；只有人人起来负责，才不会人亡政息"，给出了跳出历史周期率的第一个答案——"人民监督"。

（三）资 产 阶 级

毛泽东同志在《中国社会各阶级的分析》中对资产阶级有详尽的分析。资产阶级的阶级属性决定了其不可能进行自我革命。

在半殖民地半封建的中国，买办资产阶级与官僚资产阶级体现出一体两面，一方面依附于帝国主义和跨国资本大财阀，为帝国主义效力，另一方面通过掌握政权垄断中国经济与产业，如蒋、宋、孔、陈四大家族，就是最典型代表。毛泽东指出，他们"完全是国际资产阶级的附庸，其生存和发展是附属于帝国主义的。这些阶级代表中国最落后的和最反动的生产关系，阻碍中

[1] 中共中央文献研究室、中国延安干部学院编：《延安时期党的重要领导人著作选编（下）》，中央文献出版社2014年版，第46页。

①

《毛泽东选集第一卷》，人民出版社1991年版，第3—4页。

②

《毛泽东选集第一卷》，人民出版社1991年版，第4页。

国生产力的发展。他们和中国革命的目的完全不相容"①。买办资产阶级和官僚资产阶级始终与帝国主义站在一边，其政治代表就是国民党右派。这样的政治力量与自我革命毫不相干。

在半殖民地半封建的近代中国，外国资本控制了中国的外贸、航运、金融、工业经济命脉，民族资产阶级受到外国资本帝国主义和本国封建军阀的压迫，但同时又与其保持着千丝万缕的联系，正如毛泽东同志指出的，这个阶级"对于中国革命具有矛盾的态度：他们在受外资打击、军阀压迫感觉痛苦时，需要革命，赞成反帝国主义反军阀的革命运动；但是当着革命在国内有本国无产阶级的勇猛参加，在国外有国际无产阶级的积极援助，对于其欲达到大资产阶级的地位的阶级的发展感觉到威胁时，他们又怀疑革命"②。因此，民族资本是两头受气但又两头依赖，不可能反帝反封建，也不可能自我革命。

资产阶级政党的政治表现也充分体现出了其无法做到自我革命。

比如孙中山领导的同盟会，早期轰轰烈烈地发动一系列反清暴动，但当真正建立南京临时政府以后，党员们就开始争权夺利，大多去捞个一官半职。

武昌起义后，章太炎由日本回到上海，以"调人"自居，极力为立宪派、旧官僚参与政权制造舆论，同时对革命党人横加指责，反对由革命派掌握政权，与程德全、熊希龄、张謇、赵凤昌等旧官僚和立宪派人士发起组织中华民国联合会，公开与同盟会对立。1911年11月30日，上海《民立报》刊登湖北革命党人发出的邀请各地革命党人"速来鄂组织一切"的电文，章太炎在复电中提出了那句著名的代表革命党衰落的名言："革命军起，革命党消。"这是他的政治态度，也是革命党涣散的集中表露。

"革命军起，革命党消"的口号，反映和代表立宪派和旧官僚的愿望意图，为他们反对革命党人"递刀子"。此口号在革命党人内部产生了严重的破坏性影响。同盟会会员罗振元等31人联名发电附和，宋教仁、张继、景耀月等同盟会重要活动分子，采取迁就迎合的态度，提出同盟会"易名改组"主张。宋教仁主张在同盟会中选择稳健分子，组建新的政党，这就是后来改组而成的国民党。

孙中山从国外回到上海后，深感此时的革命党已离心离德、不能力挽狂澜。武昌起义前，因为同盟会内部的矛盾，孙中山将南洋、美洲等地的同盟会改组成为中华革命党；1910年，光复会重建,同盟会再次分裂;1911年夏,宋教仁等在上海组织中部同盟会。同盟会已经如此涣散,又有章太炎公开表态"革命党消",孙中山无法容忍,他主持起草《中国同盟会意见书》,痛斥章太炎的观点。在以后的革命实践中,孙中山还多次对"革命军起,革命党消"口号进行公开的批判,认为革命党的失败,原因都在这句话上面,无论什么时候,革命党万万不能取消。

就是因为看到同盟会、国民党都腐化透了,1914年7月8日,孙中山在日本东京正式宣布中华革命党成立,并且还要向他个人效忠,要打纸模(按手印),企图建立一个更紧密型的、走向封建的、行会制度的中华革命党,但也没成大事。后来黄兴成立欧事研究会脱离孙中山,国民党内部产生分裂。

事实一再证明,资产阶级不能完成自我革命的任务。

二

中国共产党的自我革命

习近平总书记强调指出："在百年奋斗历程中，党领导人民取得一个又一个伟大成就、战胜一个又一个艰难险阻，历经千锤百炼仍朝气蓬勃，得到人民群众支持和拥护，原因就在于党敢于直面自身存在的问题，勇于自我革命，始终保持先进性和纯洁性，不断增强创造力、凝聚力、战斗力，永葆马克思主义政党本色。"[①]勇于自我革命，是我们党最鲜明的品格，也是我们党最大的优势。也可以说，是否能够自我革命是马克思主义政党与非马克思主义政党的本质区别和显著特征，也是取得党和人民事业成功的重要前提保障和法宝秘籍。

① 《习近平在省部级主要领导干部学习贯彻党的十九届六中全会精神专题研讨班开班式上发表重要讲话强调继续把党史总结学习教育宣传引向深入更好把握和运用党的百年奋斗历史经验》，《人民日报》2022年1月12日，第1版。

①

参见马克思、恩格斯：《共产党宣言》，人民出版社2018年版，第41页、51页、39页。

②

习近平：2017年2月13日在省部级主要领导干部学习贯彻党的十八届六中全会精神专题研讨班开班式上的讲话。

（一）党的性质决定必须自我革命

中国共产党作为马克思主义政党，将《共产党宣言》作为周详的理论和实践的党纲。《共产党宣言》明确指出："在无产阶级和资产阶级的斗争所经历的各个发展阶段上，共产党人始终代表整个运动的利益"，"他们没有任何同整个无产阶级的利益不同的利益"，也就是说无产阶级政党是要"为绝大多数人谋利益"，为建设共产主义社会而奋斗。[①]"不谋私利才能谋根本、谋大利"，[②]党的性质决定了我们党始终以全心全意为人民服务为根本宗旨，做到始终从人民根本利益出发，不断改正缺点、修正错误，进行自我革命。

雨后的中共一大纪念馆

（二）中国社会土壤影响需要自我革命

中国有长达两千多年的封建社会历史，农民占多数，在小农经济的土壤中，产生的是封建思想和小农意识。毛泽东同志曾强调："严重的问题是教育农民。"[①]而士兵就是穿起军服的农民；同样，农民是中国工人的前身。因此毛泽东同志在这里强调的对农民的教育理所当然地包括从农民中成长起来，并长期处于小农经济汪洋大海包围之中的广大党员干部。我们党在这样的社会环境中诞生、发展、壮大，许多党员干部在组织上入了党，但思想上未必完成由小农意识向马克思主义的转变，封建特权思想、保守思想、地域观念、圈子文化、码头文化等不会随着组织上的入党而自动消失。

改革开放以来，打开了大门，也飞进了"苍蝇"，资产阶级自由主义、极端个人主义及形形色色的社会思潮难以避免地侵袭和影响着党员干部的思想，因此更加需要不断扶正祛邪，改造思想，提高觉悟，实现思想上的转变和升华，确保思想上的纯洁和先进。

我们党历史上开展的延安整风、整党、社会主义教育、"三讲"教育、先进性教育、科学发展观教育、群众路线教育实践、"不忘初心、牢记使命"主题教育、党史学习教育、习近平新时代中国特色社会主义思想主题教育、党纪学习教育等，都是有效开展思想教育、促进党的先进性纯洁性的有效举措。

① 《论人民民主专政》，《毛泽东选集（第四卷）》，人民出版社1991年版，第1477页。

（三）艰苦环境倒逼自我革命

在新民主主义革命时期，党所处的环境是异常凶险恶劣的，面临的挑战和使命任务是异常艰巨繁重的。"能胜强敌者，先自胜者也。"艰巨使命的履行对中国共产党在政治、思想、组织、作风、纪律等各方面提出了更高、更严格的要求，只有时刻检视自己、自我纠偏、自我矫正，进行自我革命，才能保证党的肌体的健康纯洁，才能担负起繁重的历史任务。反之，如果党组织和党员出现蜕化变质，则会给革命事业带来巨大损失。比如1931年，身为中共中央政治局候补委员、中央特科主要负责人的顾顺章叛变，使党的中央机关处于极度危险的境地，党中央在上海难以立足，只得转移到中央革命根据地。当前，我们党团结带领人民有效应对来自国内外的重大挑战、抵御重大风险、克服重大阻力、解决重大矛盾，就必须进行具有许多新的历史特点的伟大斗争，斗争仍然是艰苦和严峻的，这就需要全党不断自我革命，强筋健骨，迎接挑战。

井冈山

（四）中外历史经验教训昭示自我革命

孔子的弟子、被称为"孔门十哲"之一的子贡曾说过："君子之过也，如日月之食焉：过也，人皆见之；更也，人皆仰之。"[①]人不可能不犯错误，同样，政党也不可能做到永远不犯错误，关键在于是否能够自己发现错误，自我纠正错误。列宁指出："一个政党对自己的错误所抱的态度，是衡量这个党是否郑重，是否真正履行它对本阶级和劳动群众所负义务的一个最重要最可靠的尺度。公开承认错误，揭露犯错误的原因，分析产生错误的环境，仔细讨论改正错误的方法——这才是一个郑重的党的标志，这才是党履行自己的义务，这才是教育和训练阶级，进而又教育和训练群众。"[②]苏联共产党之所以失去政权，一个很大的原因就是没有及时地自我剖析、自我发现存在的错误，及时地进行自我革命、纠正错误，结果在错误的道路上越滑越远，最终走向无可挽回的境地。回望近代以来中国各种政治力量，之所以没有承担起解决反帝反封建两大近代历史课题的任务，很大程度就是源于不能自我革命。无数事实证明，"要兴党强党，就必须以勇于自我革命精神打造和锤炼自己。只有努力在革故鼎新、守正出新中实现自身跨越，才能不断给党和人民事业注入生机活力"。[③]

[①] 《论语·子张》。

[②] 《共产主义运动中的"左派"幼稚病》，《列宁选集（第四卷）》，人民出版社2012年版，第167页。

[③] 《习近平在省部级主要领导干部学习贯彻十八届六中全会精神专题研讨班开班式上发表重要讲话强调以解决突出问题为突破口和主抓手　推动党的十八届六中全会精神落到实处》，《人民日报》2017年2月14日，第1版。

三

党进行自我革命的伟大远征

伴随中国共产党成长发展的是一场不断自我革命的伟大远征。

中国共产党以其马克思主义政党的先进性和纯洁性，从一开始就表现出了不同于其他政党的显著特征——自我革命。可以说，一部中共党史就是党自我革命以及在自我革命中实现超越和发展的奋斗史。

156

（一）党在新民主主义革命
时期的自我革命

　　还在各地共产党早期组织时期，陈独秀和维经斯基就在广州提出要摆脱无政府主义问题。党从成立之初便强调党的纯洁性，自觉同第二国际社会民主主义等各种非革命路线的社会主义者及其他流派划清界限，牢固树立马克思列宁主义的革命原则和正确方向。1921年7月中共一大通过的《中国共产党第一个纲领》规定："中国共产党彻底断绝同黄色知识分子阶层及其他类似派系的一切联系。"①从组织上清理那些不执行党的决议，甚至叛变投敌、泄密、贪腐分子。1922年7月中共二大通过的《关于议会行动的决议案》规定："本党国会议员，绝对受中央执行委员会的监督和指挥……本党议员不受中央执行委员会监督或违犯中央执行委员会方针时立即澈〔撤〕消其委〔议〕员资格，并开除出党。"②二大通过的《关于共产党的组织章程决议案》规定，党的组织与训练是很严密的集权的有纪律的。党的二大通过的《中国共产党章程》规定，党员必须被开除的条件包括："（一）言论行动有违背本党宣言、章程及大会、各执行委员会之议决案；（二）无故连续二次不到会；（三）欠缴党费三个月；（四）无故连续四个星期不为本党服务；（五）经中央执行委员会命令其停止出席留党察看期满而不改悟；（六）泄露本党机密。"③1923年中共三大通过的《关于党员入政界的决议案》强调指出："凡党员之行动带有政治意义者，中央执行委员会有严重监督指导之权。"④中共第三届第一次中央执行委员会文件《第一次中央执行委员会开会纪要》中写到"郭平伯、郭寄生、周无为、张子余四人，执行大会决议，开除党籍"⑤，这是首次出现对违纪党员的处理。1926年8月4日中共中央发布《中央扩大会议通告——坚决清理贪污腐化分子》，这是迄今为止发现的中共最早的反贪文件。通告要求各地党组织坚决清洗那些在革命形势高涨之时进入革命队伍的投机腐化分子，制止党内腐化现象的发生，以便巩固革命的营垒，赢得群众的支持拥护。

　　1927年中共五大通过《组织问题议决案》规定："党内纪律非常重要，但宜重视政治纪律，不应将党的纪律在日常生活中机械的应用。"⑥

　　在井冈山时期，面对受大革命失败影响几乎坍塌的地方党组织，当时不得不"粗放式"发展党员，致使一些投机分子混入

①《中国共产党第一个纲领（一九二一年七月）》，《建党以来重要文献选编（1921～1949）（第一册）》，中央文献出版社2011年版，第1页。

②《关于议会行动的决议案（一九二二年七月）》，《建党以来重要文献选编（1921～1949）（第一册）》，中央文献出版社2011年版，第148页。

③《中国共产党章程（一九二二年七月）》，《建党以来重要文献选编（1921～1949）（第一册）》，中央文献出版社2011年版，第168页。

④《关于党员入政界的决议案（一九二三年六月）》，《建党以来重要文献选编（1921～1949）（第一册）》，中央文献出版社2011年版，第264页。

⑤《中共三届一次中央执行委员会开会纪要（一九二三年十一月）》，《建党以来重要文献选编

（接上页）
（1921～1949）（第一册）》，中央文献出版社2011年版，第335页。

⑥

《组织问题议决案（一九二七年四月二十七日—五月九日）》，《建党以来重要文献选编（1921～1949）（第四册）》，中央文献出版社2011年版，第208页。

①

《中共中央关于苏区宣传鼓动工作的决议（一九三一年四月二十一日）》，《建党以来重要文献选编(1921～1949)（第八册）》，中央文献出版社2011年版，第337页。

扩 红 运 动

为了壮大中国工农红军力量、补充和扩大兵源，打破国民党军队的军事"围剿"，从1931年开始，中共中央和中央政府先后发出一系列扩大红军(简称"扩红")的指令和号召，出台了如《扩大红军问题决议案》《中国工农红军优待条例》《中央执委会关于扩大红军问题训令》和《关于优待红军家属的决定》等一系列有关扩红的政策和决议，广大苏区民众积极响应，形成了如火如荼的扩红参军运动。

党内，毛泽东同志及边界特委于1928年在井冈山进行了著名的"九月洗党"。在洗党过程中，将宁冈和永新两县党组织全部解散，党员重新登记；确定清洗对象为：不服从指挥、不愿意革命、不起作用的；投敌叛变或者被捕而问题还没交代清楚的；出身不好、革命又不积极的。共有4000多名党员被清洗出党。"九月洗党"成功地应对了井冈山"八月失败"后的不利局面，纠正了各种非无产阶级思想在党内的影响，肃清了党内投机分子，纯洁了党的组织，提升了党的凝聚力和战斗力。"九月洗党"成为我党历史上最早的一次区域范围内的整党运动。

1929年12月古田会议召开，针对红军第四军党内存在的各种非无产阶级思想，从党内教育做起，纠正单纯军事、极端民主化、非组织、绝对平均主义、主观主义、个人主义、流寇主义、盲动主义等错误思想，旗帜鲜明地开展思想建党、政治建军。

古田会议还强调要有计划地进行干部教育培训。其实，党的一大即提出成立工人学校，开展"卡尔·马克思的经济学说"等的研究；党的二大提出"怎样用社会主义和共产主义精神去奋斗"的教育任务，先后创建湖南自修大学、安源党校、井冈山龙江书院军官教导队等。但是，大规模建立干部培训机构还是从古田会议开始的，古田会议除强调有计划地进行干部教育培训外，还提出十项党员教育材料和十八项教育方法。

古田会议后，中央和各根据地的干部理论教育培训如火如荼地开展起来。1931年4月中央《关于苏区宣传鼓动工作决议》要求："在各苏区中央分局所在地，必须设立一个以上的党校，培养党、苏维埃与职工会的中等干部。"①以创办军官教导队为发端，中央红军学校、中国工农红军大学、马克思共产主义学校（1935年11月定名为中共中央党校）、苏维埃大学、陕甘边区军政干部学校等干部教育培训机构相继建立，加强对干部的革命思想和理论教育。

党在中央苏区建立相关廉政制度，开展肃贪行动。1934年初，中央苏区发生的"于都事件"震惊了党内外。在中央苏区扩红运动、查田运动和粮食突击运动中，于都党和政府的领导人以权谋私、中饱私囊、贪污腐败、大做投机生意，而对于反革命活动打击不力，有的甚至包庇反革命分子。中央派出检查团到于都开展深入调查，发现县委书记刘洪清和县苏维埃主席熊仙璧带头贩卖谷盐，做投机生意。他们利用手中的权力，用公款将根据地的谷子出口换成现洋，再贩食盐到根据地高价出售，从中牟取暴利。在刘、熊等人的影响下，于都许多党员干部和苏维埃的工作人员纷纷效仿，大做投机生意。县军事部部长、劳动部部长、城市财政科科长和税务科科长等不择手段，贪污、挪用公款，贩卖谷盐；县苏维埃财政部副部长、县互济会副主任和城市机关合作社主任等巧立名目，打着合作社机关的招牌，大做私人的投机生意，营私瞒税，使于都城内的党与苏维埃机关成了"商人联合集团"。全县利用职权谋私的党和苏维埃的各级工作人员达六七十人，贩卖谷物一千二百多担。于都贪污成风，奸商聚集，导致奸商富农操纵市场，谷价上涨，大大影响了根据地的粮食收集和群众生活。中央调查团采取有力措施严肃处理，撤销了刘洪清的县委书记职务，最高人民法院以渎职贪污罪判处原县苏维埃主席熊仙璧监禁一年，公开审判并当场枪毙了几个贪污首要分子，撤销了投机商人把持的县苏维埃机关，改组了各级党部，选举了新的县苏维埃机关。"于都事件"成为全苏区反腐肃贪的一面镜子。

由于第五次反"围剿"的失败，红军被迫长征。遵义会议认真总结教训，纠正博古、李德在军事指挥上的错误，改组了中央领导机构，确立毛泽东同志为代表的党的正确领导。长征途中，党又同张国焘分裂主义作了坚决的斗争。

查田运动

1933年初，临时中央迁入中央根据地后，多次指责中央根据地原先实行的限制而不是实际上消灭富农经济、给地主以生活出路的土地政策。临时中央责成毛泽东通过政权系统推进查田运动。从1933年2月开始，在大约一年的时间里，中央根据地广泛开展了查田运动。1933年6月1日，中华苏维埃共和国临时中央政府发出《关于查田运动的训令》，要求各级政府依靠贫农，联合中农，没收地主阶级的一切土地财产，没收富农的土地及多余的耕牛、农具、房屋，分配给过去分田不够的及尚未分到田的工人、贫农、中农，富农则分较坏的地。查田运动迅速发展以后，"左"倾错误占了上风，不仅过分打击了地主、富农，严重侵犯了中农的利益，而且破坏了农业生产，损伤了农民的生产积极性，造成根据地严重缺粮，扩大红军遇到障碍，加重了根据地的困难局面。10月10日，临时中央政府批准毛泽东6月下旬起草的《怎样分析阶级》的文件，并通过毛泽东主持制定的《关于土地斗争中一些问题的决定》，对纠正"左"倾错误产生了一定成效。

粮食突击运动

中央苏区时期，根据革命斗争形势需要，我们党组织开展了各种形式的专项工作，这些工作的特点是"集中力量为完成某一中心任务"，往往是在规定期限内开展，被称为"突击运动"。1934年1月中华苏维埃第二次全国代表大会主席团和中共中央联名作出《关于完成推销公债征收土地税收集粮食保障红军给养的突击运动的决定》，自此以推销公债征收土地税收集粮食为主要内容的粮食突击运动在中央苏区展开。

红军长征胜利到达陕北之后,针对党内存在的教条主义、经验主义等错误倾向,党逐渐认识到思想建设在解决党内矛盾和开展思想革命方面的基础性作用。1935年底瓦窑堡会议决议案指出:"应该使党变为一个共产主义的熔炉,把许多愿意为共产党主张而奋斗的新党员,锻炼成为有最高阶级觉悟的布尔什维克的战士。党内两条战线的斗争,与共产主义的教育,就是达到这一目的的方法。"① 毛泽东同志在六届六中全会上提出要来一个全党的学习竞赛。他亲自主持,把1928年6月党的六大召开到1941年11月期间,我们党的一些重要文献、文件和材料,组织筛选汇编,编成《六大以来——党内秘密工作》(以下简称《六大以来》),分上下两卷。后来又把六大以前党的文献进行筛选汇编,编成《六大以前——党的历史材料》(以下简称《六大以前》),分上下两册。接下来,在《六大以来》《六大以前》的基础上,将反映各个时期党的路线斗争的文献筛选汇总,编成《两条路线》。这三本书成为延安时期学习的三大"党书"、基本教材。毛泽东同志亲自组织了一个由中央、各中央局、中央分局、区党委或省委委员,八路军、新四军各主要负责人,各高级机关部分职员,各高级学校部分教员组成的中央高级学习组,以300名为限。根据理论与实践统一的原则,高级学习组先学习研究马、恩、列的思想方法论与中国共产党20年的历史两个题目,然后再学习研究马、恩、列与中国革命的其他问题,克服主观主义、形式主义等错误思想,发展革命理论。

2001年《中共中央关于加强和改进党的作风建设的决定》提出"建立健全党委中心组学习制度"。实际上的"理论学习中心组"在延安时期就有了。毛泽东同志指出,"如果我们党有一百个至二百个系统地而不是零碎地、实际地而不是空洞地学会了马克思列宁主义的同志,就会大大地提高我们党的战斗力量。"② 毛泽东同志亲自为中央高级学习组作《如何研究中共党史》的报告,强调我们学习研究党史,不仅仅是从1921年我们建立中国共产党开始,还要再往前,知道我们的党是怎么来的、它的背景是什么? 推得太前了,可能没有精力去学习去研究,但最起码要研究五四运动、辛亥革命。1941年5月,毛泽东同志在延安高级干部会议上作《改造我们的学习》的报告,标志着延安整风开始。延安整风是与学习紧密联系在一起的。

1941年7月中央颁布《关于增强党性的决定》,强调"要用自我批评的武器和加强学习的方法,来改造自己使适合于党与

① 《中共中央关于目前政治形势与党的任务的决议(一九三五年十二月二十五日中央政治局瓦窑堡会议通过)》,《建党以来重要文献选编(1921～1949)(第十二册)》,中央文献出版社2011年版,第549页。

② 《中国共产党在民族战争中的地位》,《毛泽东选集(第二卷)》,人民出版社1991年版,第533页。

革命的需要。要求每个党员特别是每个负责领导的干部，都深刻反省自己的弱点，把党的利益看得高于一切，任何人都不应有自满自足、自私自利的观念。要提倡大公无私，忠实朴素，埋头苦干，眼睛向下，实事求是，力戒骄傲，力戒肤浅的作风。要改造那些把理论与实践、学习与工作完全脱节的现象，这样来更加坚定自己的阶级立场、党的立场与党性"①。1944年4月和5月，毛泽东同志在中共中央西北局高级干部会议上和中央党校作了《学习问题和时局问题》的报告，明确指出，这次处理历史问题，不应着重于一些个别同志的责任方面，而应着重于当时环境的分析，当时错误的内容，当时错误的社会根源、历史根源和思想根源，以实现惩前毖后、治病救人的方针，达到既要弄清思想又要团结同志的目的。

作为全党范围的马克思主义教育运动，延安整风运动以反对主观主义整顿学风、反对宗派主义整顿党风、反对党八股整顿文风为主要内容，以"惩前毖后、治病救人"为方针，广泛开展批评与自我批评。

延安整风运动发动之时正值抗日战争处于最艰苦的阶段，但党为了进行自我革命不惜代价，正如毛泽东所言，即使弄得稀巴烂，即使延安失掉了，即使大家哇哇叫，也要整，而且要弄得彻底。延安整风运动充分展现了中国共产党自我革命的勇气，为党的自我革命开创出一种重要的有效方式。1945年4月，党的六届七中全会通过了《关于若干历史问题的决议》，标志着延安整风运动的结束。该决议是对延安整风中全面深入总结党的历史、深刻反思党自身存在的问题、从思想根源上纠正"左"、右倾错误的一个系统总结，不仅从史实和理论上厘清了党走过的路程，汲取了历史的教训，而且突出强调"惩前毖后，治病救人""坚持真理，修正错误"等党自我革命的理念、方针和品格。

延安时期在强化思想建党的同时，大力加强党的纪律建设和反腐败斗争。1938年9月召开的中共六届六中全会，是一次在全党"立规矩"的重要会议。毛泽东同志在这次会上首次提出"纪律是执行路线的保证"的科学论断，首次明确提出全体党员要做到个人服从组织、少数服从多数、下级服从上级、全党服从中央这"四个服从"。毛泽东幽默而又严肃地说："孙行者头上套的箍是金的，列宁论共产党的纪律说纪律是铁的，比孙行者的金箍还厉害，还硬，这是上了书的，《共产主义运动中的'左'派'幼稚病》上就有。"②

①
《中共中央关于增强党性的决定（一九四一年七月一日中共中央政治局通过）》，《建党以来重要文献选编（1921～1949）（第十八册）》，中央文献出版社2011年版，第445页。

②
《关于整顿三风》，《毛泽东文集（第二卷）》，人民出版社1993年版，第416页。

既然纪律是铁的，对于违背纪律、各行其是甚至贪赃枉法、腐化堕落的人，不论其资历深浅、职位高低，党是决不姑息手软的。

陕甘宁边区清涧县张家畔税务分局局长肖玉璧，曾经为革命出生入死，全身90多处伤疤。因伤住院时，毛泽东同志亲自前去看望，还把每天的半斤牛奶让给他喝。但肖玉璧后来利用职务之便贪污公款3050块大洋，被边区政府依法判处死刑。为此，1942年1月5日出版的《解放日报》刊发时评，写道："在'廉洁政治'的地面上，不允许有一个肖玉璧式的莠草生长！有了就拔掉它！"①

延安时期反腐败最为著名的要数黄克功案。黄克功时任抗日军政大学第六队队长，虽年仅26岁，却参加过井冈山斗争和二万五千里长征，身经百战、屡立战功。黄克功与奔赴延安、时年16岁的刘茜恋爱。不久，刘茜发现自己与黄克功在经历、性格、情趣等方面的差异都太大，提出中断恋爱关系，但黄克功纠缠不休。一天晚饭后，黄克功约刘茜去延河边上"谈心"，在强迫刘茜与其结婚遭到拒绝后，残忍地将刘茜枪杀。

此案震惊陕甘宁边区。国民党报纸借题发挥，诬蔑攻击共产党和红军。当时的延安城内也有一个外国记者团，如果处理不好，党的形象在国际上也会受损。

黄克功本人对罪行供认不讳，但是希望自己能够死在抗日杀敌的战场上而不是延安的法场上。他上书陕甘宁边区高等法院和毛泽东同志："念我十年艰苦奋斗，一贯忠于党的路线，恕我犯罪一时，留我一条生命，以便将来为党尽最后一点忠。"②陕甘宁边区高等法院院长、案件审判长雷经天也写信向毛泽东同志汇报了有关情况，并提出"严格依法办事，对黄克功处以极刑"的意见。毛泽东同志于1937年10月10日给雷经天写了复信：

> 雷经天同志：你的及黄克功的信均收阅。黄克功过去斗争历史是光荣的，今天处以极刑，我及党中央的同志都是为之惋惜的。但他犯了不容赦免的大罪，以一个共产党员、红军干部而有如此卑鄙的，残忍的，失掉党的立场的，失掉革命立场的，失掉人的立场的行为，如为赦免，便无以教育党，无以教育红军，无以教育革命者，并无以教育做一个普通的人。因此中央与军委便不得不根据他的罪恶行为，根据党与红军的纪律，处他以极刑。正因为黄克功不同于一

个普通人，正因为他是一个多年的共产党员，是一个多年的红军，所以不能不这样办。共产党与红军，对于自己的党员与红军成员不能不执行比较一般平民更加严格的纪律。当此国家危急革命紧张之时，黄克功卑鄙无耻残忍自私至如此程度，他之处死，是他的自己行为决定的。一切共产党员，一切红军指战员，一切革命分子，都要以黄克功为前车之戒。请你在公审会上，当着黄克功及到会群众，除宣布法庭判决外，并宣布我这封信。对刘茜同志之家属，应给以安慰与抚恤。

1937年10月11日，陕甘宁边区高等法院在陕北公学大操场召开公审大会，判处逼婚杀人案凶犯黄克功死刑并立即押往刑场执行枪决。

是否能够做到刀刃向内、自我革命，是判断一个政党是否先进的试金石。1937年至1939年，陕甘宁边区司法机关依法判处了180起贪污腐化案件。1940年《关于开除党员党籍问题的决定》指出：违纪党员，一律依纪严惩不贷。根据毛泽东同志的建议，在1941年颁布的《陕甘宁边区施政纲领》中，增加了"共产党员有犯法者从重治罪"的条文。

1949年3月，毛泽东同志在党的七届二中全会上，提出务必使同志们继续地保持谦虚、谨慎、不骄、不躁的作风，务必使同志们继续地保持艰苦奋斗的作风。这"两个务必"的提出，是党在中国革命伟大转折关头，对持续保持党的先进性纯洁性的深刻思考，是对党的自我革命历史经验的科学总结，是对无产阶级革命精神的凝结和提升。

（二）党在社会主义革命和建设时期的自我革命

在社会主义革命和建设时期，随着我们党在全国执政，党和国家工作重心转移，党员数量激增，出现了党员质量下降的情况，甚至出现部分党员骄傲自满、贪图享受、腐化堕落等现象。早在1949年初，从西柏坡准备进京的毛泽东风趣地将此行比喻为"进京赶考"。周恩来同志曾说："我们应当都能考试及格，不要退回来。"毛泽东同志回答道："退回去就失败了。我们决不当李自成，我们都希望考个好成绩。"[1]

[1] 金冲及：《毛泽东传（1893—1949）》，中央文献出版社2004年版，第954页。

　　1944年，在中国抗日战争胜利前夕，郭沫若写下近两万字的史论文章《甲申三百年祭》。该文基于大量史料，分析李自成进京40余天内便功败垂成的惨痛教训。当年3月19日开始，《甲申三百年祭》在重庆《新华日报》连载4天，以"影射当局"之名遭到国民党政府围攻责难；而毛泽东同志要求《解放日报》全文转载该文并印发单行本，还作为整风文件印发全党学习。毛泽东同志的用意在于提醒全党，"必须永远保持清醒与学习态度，万万不可冲昏头脑，忘其所以，重蹈李自成的覆辙"。[①]

　　1949年9月，中国人民政治协商会议第一届全体会议通过《共同纲领》。《共同纲领》明确规定严惩贪污，禁止浪费，反对脱离人民群众的官僚主义作风。

　　新中国成立后，党和政府先后颁布《关于处理贪污、浪费及克服官僚主义错误的若干规定》《关于追缴贪污分子赃款赃物的规定》《关于实行精兵简政、增产节约、反对贪污、反对浪费和反对官僚主义的决定》《中华人民共和国惩治贪污条例》《中华人民共和国宪法》等，这些宪法、法律、法规的颁布，为党的自身建设、为开展反腐败斗争提供了制度保障。与此同时，各中央局、省市、县先后建立纪律检查机构。

　　党先后开展全党整风运动、"三反""五反"运动、"四清"运动等。这些运动针对的主要是官僚主义、命令主义、主观主义、脱离群众、贪污腐化、浪费等问题；采取的一般措施包括党员登记、教育、管理、审查和处理等；重点是惩治党内腐败分子，建立规章制度，解决群众关心的实际问题等。

　　1951年底到1952年10月开展"三反""五反"运动。"三反"运动中查出的党员领导干部贪污盗窃国家资财的最大案件莫过于刘青山、张子善案。

　　当时担任中共天津地委书记的刘青山、专员张子善以职务之便贪污款项超过旧币171亿元，折算新币有171万元之多。豫剧名伶常香玉1951年通过巡演的方式募集到旧币超15亿元，购买了一架战斗机捐给志愿军。这样算来，刘、张二人贪得赃款足以购买11架战斗机。针对刘、张二人的贪污行为，中共河北省委决议，经中央华北局批准，将刘青山、张子善开除出党。毛泽东同志说："对于这样的叛徒和毒虫，有多少就必须清除多少。清除了他们，不是党的损失，而是党的胜利，不是降低了党的威信，而是提高党的威信。"[②]时任天津市委领导鉴于刘张二人在战争年代有功，在干部中影响较大，建议是否可以向毛泽东同志和中

①　转引自龚济民、方仁合：《郭沫若年谱》上册，天津人民出版社1982年版，第453页。

②　转引自《在反贪污、反浪费、反官僚主义的伟大斗争中，发动群众的关键何在？》，《人民日报》1952年1月4日，第1版。

央反映一下，争取"枪下留人"。毛泽东同志坚定地回绝了，说道："正因为他们两人的地位高，功劳大，影响大，所以才要下决心处决他们。只有处决他们，才可能挽救20个，200个，2000个，20000个犯有各种不同程度错误的干部。"[1]1952年2月10日，河北省人民政府举行公审大会，随后河北省人民法院报请最高人民法院批准，判处刘青山、张子善死刑。1952年2月11日，《人民日报》等媒体以醒目的大字标题，在头版报道了公审大会的消息。《人民日报》在报道此消息之前，报社一位负责同志向中央请示，刘青山前不久刚出席了在维也纳举行的世界和平友好理事大会，并当选为常务理事，考虑到可能带来的国际影响，是否可以把刘青山的"青"字加上"三点水"，写成"刘清山"。毛泽东同志表态这个"三点水"不能加，就是要向国内外广泛宣布，枪毙的这个刘青山，就是参加国际会议的那个刘青山，是不加"三点水"的刘青山，是不要水分的刘青山。

刘青山、张子善的被处决，直接推动了全国性的"三反"斗争。

"三反"运动中揭露出的贪污分子和有贪污行为者共计1226984人，被判处有期徒刑的9942人，判处无期徒刑的67人，判处死刑立即执行的42人，判处死刑缓期2年执行的9人。

新中国成立后，党在自我革命的举措上，除了严厉惩处腐败外，还大力强化思想建设，建立健全党员干部监督体系，强化党内纪律建设。

党在社会主义革命和建设时期开展自我革命的探索实践，为我们党解决自身问题积累了宝贵经验。

（三）党在改革开放和社会主义现代化建设新时期的自我革命

在改革开放和社会主义现代化建设新时期，我们党坚决纠正"文化大革命"这样全局性的错误，让国家重回现代化建设的轨道。改革开放成为中国共产党领导的"第二次革命"。党在新的历史条件下加强自身建设，将自我革命推向了一个新阶段。

一是解放思想、实事求是，自我改正错误。解除"文化大革命""左"的思想禁锢，冲破"两个凡是"藩篱，成为粉碎"四人帮"之后需要解决的急迫问题。

1978年4月，南京大学哲学系副主任胡福明向光明日报社投出一篇题为《实践是检验一切真理的标准》的文章，《光明日

[1] 薄一波：《若干重大决策与事件的回顾（上卷）》，中共中央党校出版社1991年版，第152页。

报》总编辑杨西光敏锐地感觉到这篇文章的分量和意义，就请胡福明和中央党校理论研究室孙长江一起商讨修改。经过反复多次修改，增加了许多论断和分析，并把文章标题改为《实践是检验真理的唯一标准》。5月10日，这篇文章首先在中央党校的内部刊物《理论动态》上发表。第二天，《光明日报》在头版以"特约评论员"名义发表，新华社转发了这篇文章。第三天，《人民日报》《解放日报》全文转载。该文认为社会实践是检验真理的唯一标准，应该勇于研究新实践提出的新问题，对"四人帮"设置的各种禁区"要敢于去触及，敢于去弄清是非"，不能拿现成的公式去限制、宰割、剪裁无限丰富的飞速发展的实践。这种理论联系实际、实事求是，根据变化发展的实践解放思想的观点，得到广大党员干部和人民群众的强烈支持拥护，激起强烈的社会反响，引发了全党"真理标准大讨论"，为党的十一届三中全会的召开奠定了思想基础。

1978年底，中央召开了一个为期36天的中央工作会议，在邓小平、陈云等老一辈无产阶级革命家的共同努力下，原本准备讨论经济工作的会议，开成了一次为全面拨乱反正和开创新局面作准备的会议。邓小平在会上作了题为"解放思想，实事求是，团结一致向前看"的讲话，阐述了一系列关于拨乱反正、解放思想、改革开放、进行社会主义现代化建设的基本思想和观点。

1978年12月18日至22日，党的十一届三中全会在北京召开。此次会议"深刻地检讨了我们的历史"，坚决批判了"左"的错误，高度评价了关于真理标准问题的讨论，实现了党的拨乱反正，确定了"解放思想、开动脑筋、实事求是、团结一致向前看"的指导方针，作出了把党的工作重点转移到经济建设上来、实行改革开放的历史性决策。党的十一届三中全会是党自我革命的又一次里程碑会议。

1981年6月，党召开十一届六中全会，审议通过了《关于建国以来党的若干历史问题的决议》。会议强调指出："我们党敢于正视和纠正自己的错误，有决心有能力防止重犯过去那样严重的错误。""坚持真理，修正错误"，这是我们党必须采取的辩证唯物主义的根本立场。十一届六中全会决议肯定了毛泽东的历史地位和毛泽东思想，实事求是地评价了新中国成立32年来的功过是非，彻底否定了"文化大革命"和"无产阶级专政下继续革命"的理论，统一了党内思想认识，加强了党内团结，实现了党思想上的拨乱反正。

多年来，在"左"倾思想影响下，特别是在"文化大革命"中，林彪、江青反革命集团在党内外制造了大批冤假错案，造成了空前严重的恶果。刚刚粉碎"四人帮"不久，胡耀邦对叶剑英之子叶选宁说："现在，我们党的事业面临着中兴。"怎样才能实现中兴呢？胡耀邦认为："中兴伟业，人心至上。"他请叶选宁代他向叶剑英捎三句话，第一句是"停止批邓，人心大顺"，第二句是"冤案一理，人心大喜"，第三句是"生产狠狠抓，人心乐开花"。

叶剑英在玉泉山中央政治局会议上，正式提出尽快让邓小平出来工作的问题。经过叶剑英、陈云等老一辈无产阶级革命家反复做工作，1977年7月召开的党的十届三中全会终于决定恢复邓小平在1976年被撤销的全部职务，担任中央委员、政治局委员、政治局常委、中央副主席、中央军委副主席、国务院副总理、解放军总参谋长。1977年北京举办国际足球友好邀请赛，邓小平于7月30日晚上观看了在北京工人体育场举行的决赛并出席了闭幕式。比赛中间休息10分钟，邓小平一度退席。但当他再次出席观看后半场比赛的时候，八万观众撇开比赛，霎时都站立起来，向他报以热烈的掌声。掌声代表了人心、反映出民意。人民群众对党平反冤假错案、让蒙受不白之冤的同志出来工作是坚决支持拥护的。

1977年11月27日，《人民日报》发表题为《毛主席的干部政策必须认真落实》的评论员文章，为大规模平反冤假错案、落实干部政策作了舆论准备。随后，在中央组织部主持下，一大批长期受迫害、被关押或被下放劳动的老同志，陆续被解除监禁或接回北京治病；一些重大冤假错案开始重新进行复查、平反；改正右派工作迅速推开；大规模落实知识分子政策……

中央开展了清理领导班子中"三种人"的斗争。"三种人"是指"文革"中追随林彪、江青反革命集团靠造反起家的人、帮派思想严重的人、打砸抢分子，他们在"文化大革命"中拉帮结派，造反夺权，组织武斗，诬陷迫害干部和人民群众。中共中央要求清理"三种人"要抓住重点，关键是防止"三种人"进入各级领导班子、要害部门和第三梯队，已进入的要坚决清除出去；将"三种人"调离要害部门和要害岗位；对清理出领导班子的"三种人"，应加强对他们的思想教育工作，给以改正错误、弃旧图新的机会；对清理"三种人"工作，既要坚定，又要慎重，既不要漏掉，又不要扩大化，严格区分"三种人"和"文化大革命"中犯有严重错误的人。通过清理"三种人"，整顿了组织，纯洁了队伍。

二是持之以恒开展整党与党内集中教育。党的十一届三中全会后，伴随党和国家工作重点的转移，实行改革、开放、搞活经济的政策，党和人民事业生机勃勃，国家和社会生活发生急剧深刻变动。为适应这些变化，全面系统地整顿党自身在思想、作风、组织等方面存在的许多深层次问题，更好地把党建设成为领导社会主义现代化建设的坚强核心，1983年10月，党的十二届二中全会通过《中央关于整党的决定》。在整党过程中，党运用批评和自我批评的武器，揭露和解决党内存在的思想、作风和组织严重不纯的问题。整党历时三年半，于1987年春结束，基本达到了统一思想、整顿作风、加强纪律，纯洁组织的目的。

从改革开放到党的十八大召开，党先后开展"三讲"教育、"三个代表"重要思想学习教育、保持共产党员先进性教育、深入学习实践科学发展观、创先争优等五次党内集中教育活动。这些集中教育活动对于提高党员干部的思想理论水平，解决党内存在的突出问题，改进干部工作作风，提高党组织的创造力、凝聚力和战斗力产生重要作用。

三是开展干部理论和党性教育培训。 为加强对党员干部马克思主义理论和党性的教育培训，党的干部理论和党性教育培训从"文化大革命"的严重破坏中得以恢复发展，中央作出办好各级党校的决定，召开全国党校工作会议，制定干部教育培训规划，颁布干部教育培训条例和干部教育培训改革纲要。全国各级党校恢复建制，新建国家行政学院和中国浦东、井冈山、延安三所国家级干部学院等，明确把理论教育和党性教育作为干部教育培训的重要内容。2010年10月27日，习近平同志视察中国浦东干部学院，作出"做好新形势下的干部教育培训工作，要突出抓好马克思主义理论教育特别是中国特色社会主义理论体系教育和党性教育，着力提高干部思想政治素质和道德品质"的重要论述，有力地推动了全国干部理论和党性教育培训。

四是加强自我革命的制度和机制建设。 改革开放以后，针对党的建设面临的新形势，党十分重视加强自我革命的制度建设。党的十一届五中全会通过《关于党内政治生活的若干准则》，为拨乱反正、恢复和健全党内政治生活、加强自我革命提供了重要的制度遵循。

中国浦东干部学院

中国井冈山干部学院

中国延安干部学院

党的十四大把"从严治党"写入党章修正案。党的纪律检查机关和政府行政监察机关合署办公,实行"一个机构、两块牌子"的体制并逐步建立健全反腐败领导体制和工作机制。党的十四届四中全会通过《关于加强党的建设几个重大问题的决定》,就党的民主集中制、干部队伍等作了强调。中央先后印发《中国共产党纪律处分条例(试行)》《中国共产党党员领导干部廉洁从政若干准则(试行)》《中国共产党党内监督条例(试行)》《建立健全教育、制度、监督并重的惩治和预防腐败体系实施纲要》等。

2003年,中纪委、中组部正式组建专门的巡视工作机构,实施巡视制度,5个中央巡视组分赴贵州等省进行巡视。

同时对一些腐败问题进行了查处。比如1983年,广东省海丰县原县委书记王仲,因利用职权侵吞缉私物资、受贿索贿被执行死刑;1999年,查处以赖昌星为首的厦门特大走私案,涉案人员多达500余人,其中审查党政机关、国有企业事业单位和军队内部违纪违法人员230人,含厅局级以上干部23人。

党在大力推进改革开放的同时,在从严治党和自我革命方面也取得了显著成效,巩固了党的长期执政地位。

(四) 党在中国特色社会主义新时代的自我革命

中国特色社会主义新时代,党以伟大自我革命引领伟大社会革命,坚持全面从严治党,全面推进党的政治建设、思想建设、组织建设、作风建设、纪律建设,把制度建设贯穿其中,深入推进反腐败斗争,落实管党治党政治责任,党的自我革命被置于前所未有的新高度,大幅提升了党的自我革命的质量和水平,有效开创了党的自我革命的新境界。

改革开放以来取得的历史性成就充分证明,从总体上看,绝大多数党员干部是好的,是经得起实践与人民检验的。但是,也应该清醒认识到,改革开放以后,随着内外部环境变化,我们党面临执政考验、改革开放考验、市场经济考验、外部环境考验"四大考验",存在精神懈怠的危险、能力不足的危险、脱离群众的危险、消极腐败的危险"四大危险",面临许多新的风险挑战,存在许多深层次矛盾和问题。比如党内消极腐败现象蔓延,一些党员干部腐化堕落现象突出,政治生态出现严重问题,形式主义、官僚主义、享乐主义和奢靡之风盛行,党群干群关系受到损害,等等。

以习近平同志为核心的党中央,站在党和国家生死存亡的高度,全面加强党的领导和党的建设,坚决改变管党治党宽松软状况,以顽强意志品质正风肃纪、反腐惩恶,党内政治生活气象更新,党内政治生态明显好转,党在革命性锻造中更加坚强,焕发出新的强大生机活力。

四

党在新时代自我革命的伟大成就

（一）强化民主集中制建设

坚持党的全面领导，大力整治在党的领导上认识模糊、行动乏力，对党中央重大决策部署执行不力，搞"上有政策、下有对策"，甚至口是心非、擅自行事等问题。明确提出党的领导是全面的、系统的、整体的领导，党的领导的最高原则是党中央集中统一领导，加强和维护党中央集中统一领导是全党共同的政治责任，全党必须自觉在思想上、政治上、行动上同以习近平同志为核心的党中央保持高度一致。党的十八届六中全会通过《关于新形势下党内政治生活的若干准则》，党中央出台《中央政治局加强和维护党中央集中统一领导的若干规定》，建立健全党对重大工作的领导体制，强化党中央决策议事协调机构职能作用，完善推动党中央重大决策落实机制，严格执行向党中央请示报告制度。全党同志自觉做到"四个服从"，深刻领悟"两个确立"的决定性意义，增强"四个意识"，坚定"四个自信"，做到"两个维护"。

民主集中制包括民主和集中两个方面，两者互为条件、相辅相成、缺一不可。在贯彻民主集中制中的确存在一些问题，比如有的领导机关和领导干部在决策前不深入调查研究，把征求意见仅仅作为程序合法的手段，临时下发各类征求意见稿，形式大于内容，且对基层党组织和党员的意见建议重视不够，甚至置之不理；有的"一把手"滥用权威，对重大事项决策、重要干部任免、重大项目投资决策、大额资金使用，不是按照规定集体研究决定，而是习惯于"花钱一支笔、决策一言堂、用人一句话"；有的领导干部认为监督就是不信任、是捆绑绳索，党务公开、政务公开也只是挂在口头、落在笔头，重表面文章、轻实际行动，等等。

针对这些现象，中共中央出台《关于加强对"一把手"和领导班子监督的意见》，加强对领导班子、领导干部尤其是对"一把手"的监督。

习近平总书记要求领导干部要重温毛泽东同志的《党委会的工作方法》，正确利用好党委会这个民主集中的好形式。中共中央组织部印发《关于学习贯彻习近平总书记重要批示精神加强党委（党组）领导班子建设的通知》。

《党委会的工作方法》是一篇加强党委班子建设、提升党的领导水平和执政能力的光辉文献，无论是关于健全班子议事规则、完善班子科学决策机制、重要事项集体讨论决定、平时多沟通、遇事多商量等处理党内关系的若干基本原则，还是蕴含其中的具体的工作方法、领导艺术、政治纪律和政治规矩，对于新时代全面加强和改善党的领导，确保党始终成为中国特色社会主义事业的坚强领导核心都具有重要意义。

党中央高度重视尊重党员主体地位，发扬党内民主、保障党员权利、激发党员参与党内事务的热情。党的十八届六中全会审议通过的《关于新形势下党内政治生活的若干准则》，对发扬党内民主提出一系列新要求，明确指出："党内民主是党的生命，是党内政治生活积极健康的重要基础。"2021年1月，中共中央印发修订后的《中国共产党党员权利保障条例》，使党内民主制度体系不断健全，推动党员权利保障工作取得重要成效。

（二）深化政治巡视

2013年5月17日，党的十八大后第一次中央巡视工作会议暨培训会议召开，标志着十八大之后的首轮巡视正式启动。

习近平总书记对巡视工作高度重视，反复强调"巡视是党内监督的战略性制度安排，必须有权威，成为国之利器、党之利器"。

巡视是党章赋予的重要职责，是推进党的自我革命、全面从严治党的利器。巡视是政治巡视，本质上是政治监督，是对党组织和党员干部履行政治责任的监督检查。

党中央加强对巡视工作的领导，实现一届任期全覆盖。实现党内监督与群众监督相结合，从常规巡视到专项巡视，从"回头看"到"机动式"，推动巡视巡察形成上下联动。党以永远在路上的清醒和坚定，坚持严的主基调，突出抓住"关键少数"，落实主体责任和监督责任，强化监督执纪问责。山西系统性、塌方式腐败，湖南衡阳破坏选举案，四川南充和辽宁拉票贿选案等重大问题线索都是通过巡视发现的。根据巡视移交的问题线索，苏荣、黄兴国、王珉、白恩培等一批腐败分子被立案查处。中央纪委立案审查的中管干部①案件中，超过60%的问题线索来自巡视。

① 中管干部是指在中央组织部备案的干部，一般为副部级以上。

（三）清除"两面人"

2018年12月，中央纪委国家监委网站与《咬文嚼字》编辑部利用大数据搜索，联合发布2018年度十大反腐热词，"两面人"一词入选。2018年11月26日，习近平总书记在十九届中央政治局第十次集体学习时的重要讲话中，对"两面人"进行剖析，他指出："把好政治关并不容易，古人说'识人识面不识心'。党的十八大以来，我们查处了那么多违纪违规的领导干部，现在依然有不少领导干部受到查处。这些人大多是政治上的两面人，当面一套、背后一套，口头一套、行动一套。一些政治上的两面人，装得很正，藏得很深，有很强的隐蔽性和迷惑性，但并非无迹可寻。只要我们多用心多留心，多角度多方位探察，总能把他们识别出来。要高度警惕那些人前会上信誓旦旦讲'四个意识'、高调表态,而私下里却妄议中央、不贯彻党中央路线方针政策的人;口口声声坚定'四个自信'、信仰马克思主义,而背后在大是大非问题上态度暧昧、立场不稳的人;高谈阔论国家前途命运,而背地里却一遇到个人名誉地位就牢骚满腹、怨恨组织的人;领导面前卑躬屈膝、阿谀奉承、溜须拍马,而在下属和群众面前却趾高气扬、盛气凌人、不可一世的人。要透过现象看本质,既听其言、更观其行,既察其表、更析其里,看政治忠诚、看政治定力、看政治担当、看政治能力、看政治自律。正所谓'治本在得人,得人在审举,审举在核真'。"习近平总书记的深刻剖析切中要害、发人深省。

再比如,全国政协原副主席苏荣,表面痛陈"党风廉政建设关系人心向背和党的生死存亡""现在有少数领导干部是典型的两面人,在台上人前是正人君子,满口马克思主义,在台下人后却什么见不得人的事都敢做",背地里,苏荣自己却做了"权钱交易所所长",利用职务上的便利,为他人在企业经营、职务晋升调整等事项上谋取利益,本人直接或通过他人收受相关单位和个人财物共计折合人民币1.16亿余元;滥用职权,致使公共财产、国家和人民利益遭受重大损失;支持、纵容亲属利用其特殊身份擅权干政,谋取巨额非法利益,严重破坏了党内政治生活,损害了当地政治生态。最后他把自己变成了他当初反对的那个人。

这些"两面人"人前喊反腐、背后搞贪腐;台上讲信仰、台下拜"大师";会上反"四风"、会下耍威风;表面很廉洁、实则太贪婪。"两面人"们披着"清廉"的伪装,念着虚假的"台词",演着贪腐的"戏码",一步步走上不归路。

十九届中央纪委二次全会强调:"坚决清除对党不忠诚不老实、阳奉阴违的两面人、两面派。"

在十九届中央纪委三次全会上,习近平总书记告诫领导干部特别是高级干部:"必须从知行合一的角度审视自己、要求自己、检查自己。"① 这具有很强的针对性和指导意义。知行合一,就是真学、真信、真懂、真干,就是要表里如一、行胜于言,以一颗赤诚的真心对待党和人民。

针对"两面人"现象,党拔除"烂树"、净化土壤、查处个案、完善制度,通过坚决的斗争,有效净化了政治生态。

① 《习近平在十九届中央纪委三次全会上发表重要讲话强调取得全面从严治党更大战略性成果巩固发展反腐败斗争压倒性胜利》,《人民日报》2019年1月12日,第1版。

（四）落实中央"八项规定"和纠正"四风"

老子在《道德经》里说："天下难事必作于易，天下大事必作于细。"天下所有的难事都是由简单的事发展而来的，天下所有的大事都是从细微的小事做起来的。党的十八大以来开展的党风廉政建设和反腐败斗争气势如虹、石破天惊，但这样的大事难事就是从中央政治局出台"八项规定"开始的。

2012年12月，中央政治局会议审议通过《中共中央政治局关于改进工作作风、密切联系群众的规定》（简称"八项规定"）。

《中共中央政治局关于改进工作作风、密切联系群众的规定》

（1）要改进调查研究，到基层调研要深入了解真实情况，总结经验、研究问题、解决困难、指导工作，向群众学习、向实践学习，多同群众座谈，多同干部谈心，多商量讨论，多解剖典型，多到困难和矛盾集中、群众意见多的地方去，切忌走过场、搞形式主义；要轻车简从、减少陪同、简化接待，不张贴悬挂标语横幅，不安排群众迎送，不铺设迎宾地毯，不摆放花草，不安排宴请。

（2）要精简会议活动，切实改进会风，严格控制以中央名义召开的各类全国性会议和举行的重大活动，不开泛泛部署工作和提要求的会，未经中央批准一律不出席各类剪彩、奠基活动和庆祝会、纪念会、表彰会、博览会、研讨会及各类论坛；提高会议实效，开短会、讲短话，力戒空话、套话。

（3）要精简文件简报，切实改进文风，没有实质内容、可发可不发的文件、简报一律不发。

（4）要规范出访活动，从外交工作大局需要出发合理安排出访活动，严格控制出访随行人员，严格按照规定乘坐交通工具，一般不安排中资机构、华侨华人、留学生代表等到机场迎送。

（5）要改进警卫工作，坚持有利于联系群众的原则，减少交通管制，一般情况下不得封路、不清场闭馆。

（6）要改进新闻报道，中央政治局同志出席会议和活动应根据工作需要、新闻价值、社会效果决定是否报道，进一步压缩报道的数量、字数、时长。

（7）要严格文稿发表，除中央统一安排外，个人不公开出版著作、讲话单行本，不发贺信、贺电，不题词、题字。

（8）要厉行勤俭节约，严格遵守廉洁从政有关规定，严格执行住房、车辆配备等有关工作和生活待遇的规定。

①
《习近平在党的群众路线教育实践活动工作会议上发表重要讲话》,《人民日报》2013 年 6 月 19 日,第 1 版。

②
参见《习近平近日作出重要指示强调纠正"四风"不能止步 作风建设永远在路上》,《人民日报》2017 年 12 月 12 日,第 1 版。

党中央从落实中央"八项规定"精神破题,以上率下,率先垂范,各级党组织纷纷仿效,制定了具体细化措施。为确保"八项规定"精神的严格落实,从中央到地方和基层,都强化了监督执纪问责,紧抓一个个关键节点,对不收敛不收手的,一律从严查处,并且越往后执纪越严,同时把"问责"作为利器,推动主体责任和监督责任落实。

2013 年 6 月 18 日,习近平总书记在党的群众路线教育实践活动工作会议重要讲话中强调:"这次教育实践活动的主要任务聚焦到作风建设上,集中解决形式主义、官僚主义、享乐主义和奢靡之风这'四风'问题。""要对作风之弊、行为之垢来一次大排查、大检修、大扫除。"①反对形式主义着重解决工作不实的问题;反对官僚主义着重解决在人民群众利益上不维护、不作为的问题;反对享乐主义着重克服及时行乐思想和特权现象;反对奢靡之风着重狠刹挥霍享乐和骄奢淫逸的不良风气。通过全党坚持不懈的努力,"四风"问题得到有效遏制,尤其是享乐主义和奢靡之风基本刹住,过去习以为常、司空见惯,认为无法解决的许多顽瘴痼疾为之一扫,党风政风社风明显好转,得到了人民群众的交口称赞和衷心拥护。

从这个历史性转变中不难看出,对待沉疴痼疾,仅靠一般性部署和号召是无法完成的,只有下猛药、长疗程才能见效。

2017 年 12 月,习近平总书记就查摆和纠正形式主义、官僚主义问题作出重要指示,强调"纠正'四风'不能止步,作风建设永远在路上",并列出包括在服务群众方面有的单位表面上推进服务型政府建设,"门好进、脸好看",但还是"事难办",将过去的"管卡压"变成了现在的"推绕拖"等 10 种表现。②

对待脱离群众的"四风"问题,当然需要综合施策,比如强化理想信念教育,落实各级党组织及其主要负责人的主体责任、第一责任等,但还需要严格监督执纪问责。坚持把纪律和规矩挺在前面,综合运用监督执纪"四种形态",该提醒的提醒,该批评的批评,该诫勉的诫勉,防止小问题造成大影响。对确实构成违纪、需要追究党纪政纪责任的党员干部,该调整岗位的调整岗位,该免职的免职,该处分的处分,既追究直接责任人的责任,又追究有关领导的责任,并点名道姓通报曝光,以严肃问责倒逼党员干部转作风改作风。

据中央纪委国家监委网站 2018 年 12 月 3 日发布的消息,"八项规定"实施 6 年中,全国就违反中央八项规定精神累计给予党纪政务处分206428人。

2017年10月，中央政治局审议通过《中共中央政治局贯彻落实中央八项规定的实施细则》，分析总结"八项规定"实施过程中的经验和问题，进一步完善了相关操作性规定。

中纪委十九届三次全会强调要把力戒形式主义、官僚主义作为重要任务。形式主义和官僚主义相伴相生，官僚主义引发形式主义，形式主义助长官僚主义，其根源都是政绩观错位、封建残余思想作祟、责任心缺失，官本位思想严重，脱离群众，脱离实际。形式主义和官僚主义，就像"牛皮癣"难治、易发；也像"韭菜"，割了一茬又出一茬。形式主义、官僚主义不是简单的作风问题，而是严肃的政治问题。

近年来，从中央到地方和基层，各级党组织力戒形式主义、官僚主义，深化落实中央"八项规定"精神，把整治形式主义、官僚主义突出问题作为正风肃纪的重要任务、长期任务，持之以恒、久久为功，一体推进纠正"四风"，不断把作风建设引向深入，取得了显著成效。

查处违反中央八项规定精神问题数（万起）

处理违反中央八项规定精神问题人数（万人）

（五）强化监督执纪问责

强化监督执纪问责，坚定不移"打虎""拍蝇""猎狐"。坚持把纪律挺在前面，实践监督执纪"四种形态"。坚持纪法分开，纪严于法、纪在法前，由"惩治极少数"向"管住大多数"拓展，用严明的纪律管全党治全党。

一是健全监督体系。党的十八大报告提出"建立健全权力运行制约和监督体系"，首次完整地把党内监督、民主监督、法律监督、舆论监督"四个监督"作为一套监督体系明确提出来，目的是让人民监督权力，让权力在阳光下运行。习近平总书记强调："要突出领导干部这个关键，教育引导各级领导干部立正身、讲原则、守纪律、拒腐蚀，形成一级带一级、一级抓一级的示范效应，积极营造风清气正的从政环境。"[①]党内监督主要是党的各级组织和广大党员依据党章和其他党内法规以及国家法律，重点对党的各级领导机关和领导干部特别是各级领导班子主要负责人进行的监督。民主监督是非国家机关的组织和个人运用宪法和法律赋予的权利，对党和国家机关及其工作人员公务行为提出批评、建议、申诉、控告、检举等活动。法律监督是指有关国家机关运用国家权力，依照法定职权和程序，对权力行使过程中严重违法的情况进行检查、督促和纠正的行为。舆论监督是指新闻媒体运用舆论帮助公众了解政府事务、社会事务和一切涉及公共利益的事务，并促使其沿着法制和社会生活公共准则的方向运作的监督。这四种监督的实施，构成了一个纵横交错、严谨周密的监督网络体系。

二是以零容忍态度坚决反腐。2012年11月17日，在十八届中央政治局第一次集体学习会上，习近平总书记提出："腐败问题越演越烈，最终必然会亡党亡国！我们要警醒啊！"[②]2013年1月22日，习近平总书记在中纪委十八届二次全会上强调："腐败是社会毒瘤。如果任凭腐败问题愈演愈烈，最终必然亡党亡国。"[③]党的十八大以来，以习近平同志为核心的党中央一再宣示，腐败是党长期执政的最大威胁，反腐败是一场输不起也决不能输的重大政治斗争，不得罪成百上千的腐败分子，就要得罪十四亿人民。我们党以壮士断腕、刮骨疗毒的决心和勇气，采取了一系列有效举措，深入推进反腐败斗争。

党在反腐败斗争中，以零容忍的态度，持续保持高压态势，对腐败问题发现一起查处一起，发现多少查处多少，不定指标、

① 2015年3月9日，习近平总书记在参加十二届全国人大三次会议吉林代表团审议时的讲话。参见《习近平李克强张德江刘云山分别参加全国人大会议一些代表团审议》，《人民日报》2015年3月10日，第1版。

② 习近平：《紧紧围绕坚持和发展中国特色社会主义学习宣传贯彻党的十八大精神》（2012年11月17日），《十八大以来重要文献选编》（上），中央文献出版社2014年版，第81页。

③ 《在第十八届中央纪律检查委员会第二次全体会议上的讲话》（2013年1月22日），《习近平关于党风廉政建设和反腐败斗争论述摘编》，中央文献出版社2015年版，第5页。

上不封顶，凡腐必反，除恶务尽。

党的十八大后第一个落马的省部级高官是四川省委原副书记李春城。此后，周永康、薄熙来、郭伯雄、徐才厚、孙政才、令计划等纷纷落马。党的十八大到二十大之间的10年时间，在中央纪委国家监委立案审查调查的553名中管干部中，含十八届中央委员、中央候补委员49人，十八届中央纪委委员12人；十九届中央委员、中央候补委员12人，十九届中央纪委委员6人。

监督执纪"四种形态"

第一种，批评和自我批评、约谈函询，让"红红脸、出出汗"成为常态；第二种，党纪轻处分、组织调整成为违纪处理的大多数；第三种，党纪重处分、重大职务调整成为少数；第四种，严重违纪涉嫌违法立案审查成为极少数。

从党的十八大召开到2022年4月，全国纪检监察机关共立案审查调查438.8万件、470.9万人，给予党纪政纪处分64.4万人，运用监督执纪"四种形态"批评教育帮助和处理34.4万人次。

三是织密国际追逃"天网"。 中央和省级反腐败协调小组设立国际追逃追赃工作办公室，推动建立反腐败合作机制，主导制定《北京反腐败宣言》和《二十国集团反腐败追逃追赃高级原则》，实施红色通缉（以下简称"红通"），构建不敢逃、不能逃的有效机制，追拿归案一批外逃腐败分子。

比如声称"死也要死在美国"的"百名红通人员"头号通缉对象杨秀珠，外逃13年7个月，最终回国自首；"百名红通人员"第5号闫永明，在新西兰化身当地富商，"百名红通人员"的公布让他的真实身份、涉嫌犯罪的历史公开曝光，最终在2016年回国自首；"天网"恢恢下，新中国成立以来最大的银行资金盗用案主谋许超凡，在外逃美国17年后最终被遣返回国。

党以零容忍的态度和决心开展的反腐败斗争，使不敢腐的震慑作用充分发挥，不能腐、不想腐的效应开始得到彰显，管党治党失之于宽、失之于松、失之于软的问题得到有效解决。

（六）开展主题教育

在全党开展集中性学习教育，是我们党推进自我革命的重要途径，也是一条重要经验。党的十八大以来，全党先后开展党的群众路线教育实践活动，"严以修身、严以用权、严以律己，谋事要实、创业要实、做人要实"（简称"三严三实"）专题教育，"学党章党规、学系列讲话，做合格党员"（简称"两学一做"）学习教育，"不忘初心、牢记使命"主题教育，党史学习教育、学习贯彻习近平新时代中国特色社会主义思想主题教育、党纪学习教育等。习近平总书记强调："党的十八大以来，我们先后开展一系列集中学习教育，一个重要目的就是教育引导全党牢记中国共产党是什么、要干什么这个根本问题，始终保持

① 《习近平在中央党校（国家行政学院）中青年干部培训班开班式上发表重要讲话强调筑牢理想信念根基树立践行正确政绩观 在新时代新征程上留下无悔的奋斗足迹》，《人民日报》2022年3月2日，第1版。

② 《树立和发扬"三严三实"的作风》，《习近平谈治国理政（第一卷）》，外文出版社2018年版，第381页。

党同人民的血肉联系。"①

党的群众路线教育实践活动。2013年5月9日，中共中央下发《关于在全党深入开展党的群众路线教育实践活动的意见》，围绕保持党的先进性和纯洁性，在全党深入开展以为民务实清廉为主要内容的党的群众路线教育实践活动。这次活动中央政治局带头开展，自上而下分两批进行。2014年10月8日，党的群众路线教育实践活动总结大会在北京召开，习近平总书记出席会议并发表重要讲话。教育实践活动使党在群众中的威信和形象进一步树立，党心民心进一步凝聚，形成了推动改革发展的强大正能量。实践证明，党的十八大作出的在全党深入开展党的群众路线教育实践活动的战略决策是完全正确的，党中央关于这次活动的一系列部署是完全正确的。这次活动为我们党进行具有许多新的历史特点的伟大斗争作了思想上、组织上、作风上的重要准备。广大党员、干部受到马克思主义群众观点的深刻教育，贯彻党的群众路线的自觉性和坚定性明显增强；形式主义、官僚主义、享乐主义和奢靡之风得到有力整治，群众反映强烈的突出问题得到有效解决；恢复和发扬了批评和自我批评的优良传统，探索了新形势下严肃党内政治生活的有效途径；以转作风改作风为重点的制度体系更加完善，制度执行力和约束力得到增强；影响群众切身利益的症结难点得到突破，党的执政基础更加稳固。

"三严三实"专题教育。2014年3月9日，习近平总书记在参加十二届全国人大二次会议安徽代表团审议时，强调"作风建设永远在路上"，要求"各级领导干部都要树立和发扬好的作风，既严以修身、严以用权、严以律己，又谋事要实、创业要实、做人要实"。②2015年4月，中共中央办公厅印发《关于在县处级以上领导干部中开展"三严三实"专题教育方案》，在县处级以上领导干部中开展"三严三实"专题教育。"三严三实"是我们天天要面对的要求，是要时时铭记、事事坚持、处处上心的问题，因此该专题教育作为党的群众路线教育实践活动的延展深化，不是一次活动，而是作为加强党的思想政治建设和作风建设的重要举措，融入领导干部经常性学习教育，不分批次、不划阶段、不设环节。习近平总书记要求中央政治局每位同志都要以身作则，为全党做好示范。中共中央政治局召开专题民主生活会，对照检查践行"三严三实"情况，讨论研究加强党风廉政建设措施，对"三严三实"专题教育给予肯定，认为这次专题教育聚焦

"三严三实"，突出问题导向，对县处级以上领导干部在思想、作风、党性上进行了又一次集中"补钙"和"加油"。特别是绷紧了政治纪律和政治规矩这根弦，使深化党风廉政建设有了更加明确的方向。

"两学一做"学习教育。2016年，党中央在全体党员中开展"学党章党规、学系列讲话，做合格党员"学习教育。这是落实党章关于加强党员教育管理要求、面向全体党员深化党内教育的重要实践，是推动党内教育从"关键少数"向广大党员拓展、从集中性教育向经常性教育延伸的重要举措。2017年3月，中共中央办公厅印发《关于推进"两学一做"学习教育常态化制度化的意见》。"两学一做"学习教育成为推进思想建党、组织建党、制度治党的有力抓手，对全面从严治党产生重要作用。

"不忘初心、牢记使命"主题教育。党的十九大决定，以县处级以上领导干部为重点，在全党开展"不忘初心、牢记使命"主题教育。党中央从2019年6月开始，在全党自上而下分两批开展"不忘初心、牢记使命"主题教育。5月31日，"不忘初心、牢记使命"主题教育工作会议在北京召开。2020年1月8日，召开"不忘初心、牢记使命"主题教育总结大会。通过开展"不忘初心、牢记使命"主题教育，各级党组织和广大党员、干部深入学习实践习近平新时代中国特色社会主义思想，提高了知信行合一能力；思想政治受到洗礼和锤炼，增强了守初心、担使命的思想自觉和行动自觉；干事创业、担当作为的精气神得到提振，推动了改革发展稳定各项工作；积极解决群众最急最忧最盼的问题，强化了宗旨意识和为民情怀；深入进行清正廉洁教育，涵养了风清气正的政治生态；重点抓突出问题专项整治，消除了一些可能动摇党的根基、阻碍党的事业的因素。

党史学习教育。2021年是中国共产党成立100周年。学习党史、总结经验、启迪未来，是我党的成功做法。尤其是在历史重大转折关头，更是如此。

习近平总书记指出："历史是最好的教科书"，"中国革命历史是最好的营养剂"，"一切向前走，都不能忘记走过的路，走得再远、走到再光辉的未来，也不能忘记走过的过去，不能忘记为什么出发。"[①]2021年2月20日，习近平总书记出席党史学习教育动员大会并发表重要讲话，站在统筹中华民族伟大复兴战略全局和世界百年未有之大变局的时代高度，对开展好党史学习教育作出全面动员和部署，强调全党同志要学党史、悟原理、办

① 习近平：《在党史学习教育动员大会上的讲话》，人民出版社2021年版，第3页。

实事、开新局。

我们学习党史的目的是为了深刻地领悟我们党的创新理论，也就是21世纪马克思主义的最新成果，马克思主义中国化的最新成果，即习近平新时代中国特色社会主义思想。要把握它的核心要义，为群众办实事、办好事、解难事，开创中华民族伟大复兴的新局面。

1942年，毛泽东同志在《如何研究中共党史》报告中说，"现在大家在研究党的历史，这个研究是必须的。如果不把党的历史搞清楚，不把党在历史上所走的路搞清楚，便不能把事情办得更好。"[①] 1965年，毛泽东同志在中南海接见回国的李宗仁时，突然问李宗仁的秘书程思远，你知道我是靠什么吃饭的吗？此话问得程思远一头雾水，不知如何作答。毛泽东同志自问自答道：我是靠总结经验吃饭，我们中国共产党就是靠总结经验吃饭。

我们党在每一次重大历史转折关头，都要开展党史学习，通过总结经验开启未来。比如说，我们党在第五次反"围剿"失败以后被迫长征，长征胜利到达陕北，就开展了以学习党的历史为主要内容的学习运动。到了1945年六届七中全会，党把学习的成果通过《关于若干历史问题的决议》这个中央文件，把1945年之前我们党20多年的历史，做了一个概括、一个定论。之前有陈独秀的右倾，瞿秋白、李立三、王明的"左"倾，一会儿"左"一会儿右，必须要搞清楚什么是正确的，什么是错误的。

把党的历史条分缕析地理清楚了，大家也就心知肚明了，都知道哪个方向才是对的。通过历史问题的决议，已经定性的事情就不要争了，就按决议来。这样，真正做到了思路清、方向明、统一思想、统一意志、齐心协力向前进，从思想上、政治上为抗日战争和解放战争的胜利，为中华人民共和国的建立提供了保证。

经过了社会主义革命和建设，我们一直走到了改革开放，改革开放之后我对新中国成立以来这一段时期的对错争来争去。怎么办？这个时候又开始新的党史学习，并在此基础上形成了新的决议——《关于建国以来党的若干历史问题的决议》。这样一来大家就不要争论了，就这样干，所以40年的改革开放又走到了今天。有人说，新中国成立后前30年那样曲折，早知道搞改革开放，新中国成立之初为什么要那样搞？就提出了异议；有人说，改革开放走偏了，认为我们不应该改革，不应该开放，应该按照纯而又纯的社会主义来搞，又开始了争论。

如果在思想上不统一，就不能前进，就不知道下一步怎么做。

① 《如何研究中共党史》，《毛泽东文集（第二卷）》，人民出版社1993年版，第399页。

怎么办？再学习党史，从学习党的历史中，总结我们的经验，明确未来的方向。

在2021年2月20日党史学习教育动员大会的重要讲话中，习近平总书记强调要树立大历史观，就是综合历史观、总体历史观。习近平总书记科学运用马克思主义辩证唯物主义和历史唯物主义思想方法，以高度的历史自觉和深远的历史思维，深邃的历史眼光和宽广的历史视野，坚持一分为二、具体问题具体分析，社会存在决定社会意识，正确对待历史，科学正视历史，自觉运用历史，不断汲取历史智慧。这体现出的是习近平总书记的科学时空观，将过去、现在、未来打通，将国内与国外、中国与世界打通，将历史与逻辑打通，将理论与实际打通，等等，在分析看待问题时纵横贯通，一体考虑。

法国年鉴学派的第二代代表人物布罗代尔在其博士论文《菲利普二世时代的地中海与地中海世界》中提出一个概念——长时段，将历史分为长时段、中时段和短时段。布罗代尔的博士论文，一上来不是写地中海国家的历史、战争和政治经济，而是先写地中海的地质、气候情况，写了一些与人关系不大的、客观的东西，然后再写王朝、帝国、战争、政治、社会的变化和人员活动，聚焦点越来越小。它由长时段、中时段、短时段三个部分构成，长时段是指300年、500年、1000年，甚至是地质的变迁。长时段往往决定着中时段。中时段则是指20年、30年、50年甚至上百年。中时段往往决定着短时段。短时段则是指新近发生的各类事情。

马克思主义强调社会物质条件的三大要素地理环境、人口因素和社会生产方式，这里边所包括的地质结构、社会组成、人口结构和文化等，都是属于长时段的问题；人类发展过程中的经济发展和经济规律，从高涨到危机、萧条、复苏、汇率高低、通货膨胀的波动等，都属于中时段的问题；而每年每月每天发生的政治经济等活动都是短时段的问题。

所以研究历史不能仅仅局限于一个短时段，哪一天发生了什么事情，还要往前推，推到中时段，可能中时段还不够，还要再往长时段推。

习近平总书记特别强调要深入学习五千多年中华文明史、五百多年世界社会主义史、中国人民近代以来180多年斗争史，党团结带领人民进行革命、建设、改革的伟大历程，联系"两个一百年"奋斗目标来把握党和国家的光明前景。

这样从长时段视野下看待问题与中时段、短时段肯定是不一样的。

比如，如果从1840年算起，到1949年建立新中国，中华文明衰落的时间也仅109年，这相比上下五千年而言，只是一个瞬间。反观英国，其独霸世界如果从1588年英国皇家海军击败西班牙"无敌舰队"算起，到1945年第二次世界大战结束，是357年，按照英国历史学家霍布斯鲍姆的说法，在大英帝国维多利亚女王（发起鸦片战争的维多利亚女王）去世时还屹立不动、趾高气扬的英国帝国主义，论起它的全部历史，却维持了不过一代人之久——比如说，其长度也不过就如丘吉尔（1874—1965，91岁）的一生罢了。即使取代英国成为世界霸主的美国，也危机四伏，问题多多，已走向了衰落。而英国从1776年第二次大陆会议宣布建国算起，只有246年。无论英国，还是美国，其繁荣时代仅相当于中国一个王朝的时间。

研究历史不仅仅是以历史的眼光，需要有纵向的长时段，还需要有横向的宽视野。历史学不是单靠历史学知识就能够研究透的，历史研究还一定要有其他的学问支持、其他的视角观察。

比如，研究中国共产党百年历史，不仅要研究中国共产党的历史，还要研究国民党的历史。因为中国共产党是在与国民党的斗争中，不断发展壮大，在斗争中还有合作，如第一次国共合作、第二次国共合作。

还要对其他一些政党、国家展开研究。比如越南、朝鲜、老挝、古巴这些社会主义国家，它们的共产党执政得怎么样？像最早的苏联共产党执政那么多年，后来衰落了，苏联解体了，共产党失去了执政地位，原因是什么？要去研究它。还要研究那些非社会主义国家的共产党，像美国的共产党、日本的共产党等。除了共产党之外，它们那些非无产阶级政党，我们也要研究，比如美国的民主党和共和党等。这样一来，看待问题就立体了。从不同的角度看问题的时候，问题就能全方位、立体化地呈现在眼前，不会是盲人摸象，就能更接近于事物本质，发现真理所在，达到学习的目的。

用大历史观来对待我们的党史，就是要在我们党"两个一百年"奋斗目标交汇点上掀起学习的高潮，真正弄清楚、搞明白习近平总书记一再强调的，中国共产党为什么能，中国特色社会主义道路为什么好，归根到底是马克思主义行，是中国化时代化的马克思主义行。知道"能、好、行"了，就有了道路自信、理论自信、制度自信、文化自信，有了自信就有了定力、有了底气，就知道按照这个道路走，就一定会到达光明的未来，到达理想的彼岸，就能实现中华民族的伟大复兴。

2021年12月24日，中央召开党史学习教育总结会议。通过一年的党史学习教育，各级党组织认真贯彻中央部署、精心组织实施、有力有序推进，广大党员、干部接受了深刻的历史自信、理论自觉、政治意识、性质宗旨、革命精神、时代责任教育，党的创造力、凝聚力、战斗力大大提升，达到了学党史、悟思想、办实事、开新局的目的。党的二十大报告提出"坚持理论武装同常态化长效化开展党史学习教育相结合，引导党员、干部不断学史明理、学史增信、学史崇德、学史力行，传承红色基因，赓续红色血脉"。

学习贯彻习近平新时代中国特色社会主义思想主题教育。党的二十大报告强调指出，坚持不懈用习近平新时代中国特色社会主义思想凝心聚魂，以县处级以上领导干部为重点在全党开展主题教育。2023年3月30日，中共中央政治局召开会议，决定从4月开始，在全党自上而下分两批开展学习贯彻习近平新时代中国特色社会主义思想主题教育。当天下午，中共中央政治局就学习贯彻习近平新时代中国特色社会主义思想进行第四次集体学习，为全党作出示范。4月1日，中共中央发出《关于在全党深入开展学习贯彻习近平新时代中国特色社会主义思想主题教育的意见》。4月3日，中央召开学习贯彻习近平新时代中国特色社会主义思想主题教育工作会议，习近平总书记作动员讲话。在全党深入开展学习贯彻习近平新时代中国特色社会主义思想主题教育，是统一全党思想意志行动、始终保持党的强大凝聚力、战斗力的必然要求，是推动全党积极担当作为、不断开创事业发展新局面的必然要求，是深入推进全面从严治党、以党的自我革命引领社会革命的必然要求。该主题教育的总要求是"学思想、强党性、重实践、建新功"，根本任务是坚持学思用贯通、知信行统一，把习近平新时代中国特色社会主义思想转化为坚定理想、锤炼党性和指导实践、推动工作的强大力量，使全党始终保持统一的思想、坚定的意志、协调的行动、强大的战斗力，努力在以学铸魂、以学增智、以学正风、以学促干方面取得实实在在的成效。

这次主题教育不划阶段、不分环节，把理论学习、调查研究、推动发展、检视整改等贯通起来，有机融合、一体推进。

在强化理论学习上，各地通过成立读书班、中心组学习、自学等方式，坚持读原著学原文悟原理，认真研读党的二十大报告和党章，学习《习近平著作选读》《习近平新时代中国特色社会主义思想专题摘编》等，深入学习习近平总书记关于本地区本部门本领域的重要讲话和重要指示批示精神，跟进学习习近平总书记最新重要讲话和文章。认真学习中国式现代化理论，突出对贯彻新发展理念、构建新发展格局、推动高质量发展的理解掌握。坚持多思多想、学深悟透，全面学习领会习近平新时代中国特色社会主义思想的科学体系、核心要义、实践要求，做到整体把握、融会贯通。

在学风上，大力弘扬理论联系实际的马克思主义学风，紧密结合新时代波澜壮阔的历史进程和伟大变革，紧密结合统揽伟大斗争、伟大工程、伟大事业、伟大梦想，紧密结合工作职责需要，坚持干什么就重点学什么、缺什么就重点补什么，增强学习的针对性，努力提高学习实效。

在深入调查研究上，在主题教育开始之前，中共中央办公厅印发《关于在全党大兴调查研究的工作方案》，党员、干部特别是各级领导干部放下架子、扑下身子，采取"四不两直"（不发通知、不打招呼、不听汇报、不用陪同接待，直奔基层，直插现场）方式，深入农村、社区、企业、医院、学校、"两新"组织、新就业群体等，深入群众，虚心拜人民为师，虚心向人民学习，自觉运用党的创新理论总结新经验、研究新情况，摸清情况、找准问题、提实对策。

在推动高质量发展上，党的二十大明确了新时代新征程中国共产党的中心任务、奋斗目标和战略部署，党员、干部以习近平新时代中国特色社会主义思想为指导，突出实践导向，胸怀"国之大者"，及时对标对表，将党的二十大精神、习近平总书记重要指示批示、党和国家重大战略部署与地区、部门、单位实际结合，及时研究解决经济社会发展和党的建设中存在的各种矛盾问题，防范化解重大风险，下好先手棋，打好主动仗，紧紧围绕高质量发展这个全面建设社会主义现代化国家的首要任务，贯彻新发展理念、构建新发展格局、推动高质量发展，把学习和调研落实到完成党的二十大部署的各项任务中去，以推动高质量发展的新成效检验主题教育成果。

在抓好检视整改上，各地坚持边学习、边对照、边检视、边整改，把问题整改贯穿主题教育始终。党员、干部特别是领导干部始终做到把自己摆进去、把职责摆进去、把工作摆进去，认真开展党性分析，见人见事见思想；通过召开专题民主生活会、组织生活会等形式开展批评和自我批评；对照检视出来的问题建立台账，进行专项整治，并实行销号和问题更新；坚持"当下改"与"长久立"相结合，对主题教育中涌现出的好做法好经验，及时以制度形式固定下来，做好完善机制、建章立制的工作。

2023年9月5日，中央召开学习贯彻习近平新时代中国特色社会主义思想主题教育第一批总结暨第二批部署会议。第二批从2023年9月开始，到2024年1月基本结束。2024年2月4日，学习贯彻习近平新时代社会主义思想主题教育总结会议在北京召开。经过主题教育，全党牢牢把握"学思想、强党性、重实践、建新功"的总要求，突出主题主线，一体推进各项重点措施，在以学铸魂、以学增智、以学正风、以学促干上取得明显成效，党员干部深刻领悟"两个确立"的决定性意义、坚决做到"两个维护"的自觉性有了新提高，用习近平新时代中国特色社会主义思想凝心铸魂取得新成效，推动高质量发展取得新进步，人民群众获得感、幸福感、安全感有了新增强，政治生态呈现新气象，达到了预期目标。

党纪学习教育。习近平总书记在二十届中央纪委三次全会上指出，以学习贯彻新修订的《中国共产党纪律处分条例》（以下简称《条例》）为契机，在全党开展一次集中性纪律教育。经党中央同意，自2024年4月至7月在全党开展党纪学习教育。2024年4月，中共中央办公厅印发《关于在全党开展党纪学习教育的通知》，明确要求：要坚持以习近平新时代中国特色社会主义思想为指导，聚焦解决一些党员、干部对党规党纪不上心、不了解、不掌握等问题，组织党员特别是党员领导干部认真学习《条例》，做到学纪、知纪、明纪、守纪，搞清楚党的纪律规矩是什么，弄明白能干什么、不能干什么，把遵规守纪刻印在心，内化为言行准则，进一步强化纪律意识、加强自我约束、提高免疫能力，增强政治定力、纪律定力、道德定力、抵腐定力，始终做到忠诚干净担当。

各级党组织积极贯彻中央要求，采取读书班、个人自学、专家辅导、警示教育、专题民主生活会、专题组织生活会等方式，扎实开展党纪学习教育，并做到联系实际、学用结合，有效地促进了党纪学习教育的开展。

五

党的自我革命永远在路上

习近平总书记强调，中国共产党作为马克思主义执政党，不能在一片喝彩声、赞扬声中丧失革命精神和斗志，从而不自觉地陷入安于现状、不思进取、贪图享乐的状态，而"必须居安思危、艰苦奋斗，始终保持那么一股劲，那么一股革命热情，那么一种拼命精神，披荆斩棘、勇往直前"。①

① 参见《习近平总书记系列重要讲话读本（2016年版）》，人民出版社2016年版，第14页。

187

　　一百余年来，中国共产党革故鼎新、内外兼修，保持了蓬勃朝气和生机活力，领导人民取得革命、建设和改革的一个又一个胜利。在党的自我革命过程中，形成了不同历史时期自我革命的基本经验。对这些经验，习近平总书记在2021年11月召开的中纪委十九届六次全会上的重要讲话中用"六个必须"进行了科学概括：必须坚持以党的政治建设为统领，坚守自我革命根本政治方向；必须坚持把思想建设作为党的基础性建设，淬炼自我革命锐利思想武器；必须坚决落实中央八项规定精神、以严明纪律整饬作风，丰富自我革命有效途径；必须坚持以雷霆之势反腐惩恶，打好自我革命攻坚战、持久战；必须坚持增强党组织政治功能和组织力凝聚力，锻造敢于善于斗争、勇于自我革命的干部队伍；必须坚持构建自我净化、自我完善、自我革新、自我提高的制度规范体系，为推进伟大自我革命提供制度保障。

　　同时，习近平总书记对党的十八大以来，我们党自我革命的规律，也是我们党自我革命需要继续做好的"九个坚持"进行了论述：坚持党中央集中统一领导；坚持党要管党、全面从严治党；坚持以党的政治建设为统领；坚持严的主基调不动摇；坚持发扬钉钉子精神加强作风建设；坚持以零容忍态度惩治腐败；坚持纠正一切损害群众利益的腐败和不正之风；坚持抓住"关键少数"以上率下；坚持完善党和国家监督制度。

　　习近平总书记在2022年10月党的二十大报告中明确提出："党找到了自我革命这一跳出治乱兴衰历史周期率的第二个答案。"

　　2024年1月8日，习近平总书记在二十届中纪委三次会议上的重要讲话中深刻阐述了党的自我革命的重要思想，明确提出要坚持"九个以"的实践要求，全面推进党的自我革命：以坚持党中央集中统一领导为根本保证；以引领伟大社会革命为根本目的；以习近平新时代中国特色社会主义思想为根本遵循；以跳出历史周期率为战略目标；以解决大党独有难题为主攻方向；以健全全面从严治党体系为有效途径；以锻造坚强组织、建设过硬队伍为重要着力点；以正风肃纪反腐为重要抓手；以自我监督和人民监督相结合为强大动力。

　　这"九个以"是推进新时代党的建设新的伟大工程的重要遵循，更是党的自我革命的行动指南。治国必先治党，党兴才能国强。我们党作为世界最大的马克思主义政党，要履行好自己的初心使命，就必须时刻保持解决大党独有难题的清醒和坚定。党的自我革命永远在路上，管党治党一刻也不能放松，全党同志必须在实践中坚持和深化自我革命的规律性认识，不断推进党的理论创新、实践创新、制度创新。健全全面从严治党体系，坚持制度治党、依规治党，在全面从严治党的内容上全涵盖、对象上全覆盖、责任上全链条、制度上全贯通。腐败是危害党的生命力和战斗力的最大毒瘤，反腐败是最彻底的自我革命，反腐败必须永远吹冲锋号。坚持"不敢腐、不能腐、不想腐"一体推进，同时发力、同向发力、综合发力，确保反腐败政治定力。重点瞄准全面从严治党推进过程中存在的普遍性问题和突出性问题，加大查处力度，深化运用"四种形态"，以零容忍态度，坚持严的主基调不动摇，强化监督执纪问责力度。持续纠"四风"、树新风，锲而不舍严格遵守中央"八项规定"精神，自觉同形式主义、官僚主义、自由主义、本位主义、保护主义等错误言行做坚决斗争。

党员干部尤其年轻干部要自觉对照党章党规和国家法律，对照伟大建党精神和共产党人价值观，"吾日三省吾身"，常思距高线有多远，细看与底线有多近，明白自己哪些事情是党和人民事业要求的、需要大做特做的，哪些是违背党规党纪、国家法律，任何时候都不能做的，切实做到慎独、慎初、慎小、慎微、慎欲，清清白白做人，踏踏实实做事，不断自我净化、自我革新、自我完善、自我提高，争做自我革命的模范。

第 五 章

人民至上：

克敌制胜的法宝

江山就是人民、人民就是江山，打江山、守江山，守的是人民的心。中国共产党根基在人民、血脉在人民、力量在人民。

——习近平：《在庆祝中国共产党成立100周年大会上的讲话》，人民出版社2021年版，第11页

独龙族老人李文仕（左）和女儿在编织独龙毯。新华社记者　曹梦瑶　摄

中国共产党为人民而生、为人民而兴，始终坚持人民至上，为了人民、依靠人民。习近平总书记指出："中国共产党根基在人民，血脉在人民，始终坚持以人民为中心的发展思想，坚持人民主体地位。"

一

敌人的强大与革命力量的弱小

（一）敌 人 的 强 大

近代中国社会所面临敌人的强大，可以说在世界历史上都是极其罕见的。

从外部的敌人——资本帝国主义来看：不仅世界上几乎所有帝国主义国家都侵略过中国，而且是它们合起手来，共同欺压奴役中国人民。不像英国、日本、美国，它们在发动资产阶级革命之时面对的敌人是相对单一的（美国独立时法国、荷兰、西班牙等欧洲国家等出于各自利益还与美军并肩作战），而我们的敌人是广泛的并且是联合起来的。党诞生之时的世界资本主义早已进入帝国主义阶段，进入一个以商品输出和资本输出相结合，以资本输出为主的阶段。帝国主义在华建租界，不仅继续对华销售商品、掠夺原料，还在华投资设厂、开银行、修铁路、搞航运、开矿山，垄断我们国家的经济命脉。

从内部的敌人——封建主义和官僚资本主义来看：中国的封建主义有两千多年的统治经验，官僚资本主义掌握着中国的政治经济大权，封建势力与官僚资本沆瀣一气，共同压迫中国人民。

帝国主义、封建主义、官僚资本主义相互勾连，在镇压人民革命力量方面组成强大统一阵线。

（二）革命力量的弱小

中国共产党是无产阶级政党。党的二大明确规定党"是无产阶级中最有革命精神的广大群众组织起来为无产阶级之利益而奋斗的政党，为无产阶级做革命运动的急先锋"。但是中国无产阶级的力量如何？中国是典型的以小农为绝大多数的传统农业国，中国近代产业工人产生的时间晚，中英《南京条约》签订后，在通商口岸，英国资本家投资设厂，招募一些中国工人，近代产业工人才产生。后来洋务运动中创办的企业招募工人，中国近代产业工人又在中国自己的企业里产生。中国工人阶级除了与最先进的生产方式相联系，富于组织性、纪律性等世界工人阶级的一般优点外，因为深受帝国主义、封建主义和官僚资本主义三重压迫，劳动强度之大、工作时间之长、劳动条件之差、工资收入之少，在世界各国都是罕见的，因此在革命斗争中也就更加坚决和彻底；中国工人阶级多集中在上海、天津、青岛、武汉等少数沿海沿江大城市，以及铁路、矿山、海运、纺织、造船等大企业中，便于团结战斗，形成强大的政治力量；中国工人阶级大多数出身于破产农民，和广大农民有着天然的联系，便于和农民结成巩固的联盟。但中国工人阶级也具有显著的缺点，不仅产生的时间晚、很年轻，而且人数少、力量弱，文化水平低，受农民思想、小资产阶级思想和封建思想影响较大。这种缺点决定了中国共产党单纯依靠工人阶级是无法完成自己的历史使命的，必须建立以工农联盟为基础的广泛的革命统一战线。

此外，帝国主义、封建主义、官僚资本主义总体是合在一起的，但不同时期也会在程度上发生变化，其分分合合，也就影响和决定了中国无产阶级政党在革命的统一战线上需要做相应的调整。

二

农民问题是根本性问题

（一）"最大的群众党"

中国共产党是根据马克思主义辩证唯物主义和历史唯物主义以及马克思主义建党学说建立的无产阶级政党，旗帜鲜明地将马克思主义作为自己的指导思想。而马克思主义的两大发现——唯物史观和剩余价值学说，指向的都是人民史观、群众史观，马克思主义是关于人民解放，尤其是劳农解放的学说。马克思恩格斯早在《1844年经济学哲学手稿》等著作中，就强调人民群众是创造历史的积极主体，历史活动是群众的活动，是人民群众变革了生产力，创造了物质财富。同时人民群众不仅是物质财富的创造者，也创造了政治、法律、艺术等精神财富。更为重要的是，人民群众是摧毁反动统治和实现社会变革的决定性力量。正是在对人民群众地位作用分析认识基础上，马克思恩格斯强调无产阶级政党必须为人民谋利益、谋解放，自身没有特殊的利益，人民利益高于一切。无产阶级的斗争决不是"孤鸿哀鸣"，而是要以阶级联合对抗资产阶级专政，"共产党人到处都支持一切反对现存的社会制度和政治制度的革命运动"①。实现人的自由而全面的发展和彻底解放是无产阶级的终极目标。所以中国共产党从一建立就定名为"中国共产党"，将自己定位为"最大群众党"。正如李大钊所指出的，"这个团体不是政客组织的政党，也不是中产阶级的民主党，乃是平民的劳动家的政党，即是社会主义团体"。②中国共产党就是这样一个"平民的劳动家的政党"。党的二大通过的《关于共产党的组织章程决议案》就作出关于和群众建立密切联系的规定，要求"党的一切运动都必须深入到广大的群众里面去"。③

（二）农民的力量

近代中国逐步成为半殖民地半封建社会，又是落后的农业国，农民占绝大多数，工人阶级只是极其小的一个部分，在这样的国度里进行革命不能不考虑农民阶级力量上的特点。

怎么对待小农？小农是什么性质？马克思在《路易·波拿巴的雾月十八日》一文中分析法国小农时，将小农比喻为"一袋马铃薯"④。圆圆的马铃薯装在袋子里面，袋子打开以后，就滚出来了，满地都是，一个一个互不连接。马克思认为，农民"不能代表自己，一定别人来代表他们"，"他们的代表一定要同时是

① 马克思、恩格斯：《共产党宣言》，人民出版社2018年版，第65页。

② 《团体的训练与革新的事业》，《李大钊全集（第三卷）》，人民出版社2013年版，第350页。

③ 《关于共产党的组织章程决议案》，《建党以来重要文献选编（1921～1949）（第一册）》，中央文献出版社2011年版，第162页。

④ 《路易·波拿巴的雾月十八日》，《马克思恩格斯全集（第八卷）》，人民出版社1961年版，第217页。

①

《路易·波拿巴的雾月十八日》,《马克思恩格斯全集(第八卷)》,人民出版社 1961 年版,第 228—229 页。

他们的主宰,是高高站在他们上面的权威"。①

孙中山讲,小农是一盘"散沙",不是黏土,是散沙。怎么把松散的农民团结起来呢?中国传统社会缺的是组织,把农民这一粒粒散沙装到模子里面去,加工成砖头就有力量了。列宁说过,给我们一个革命家组织,我们就能把俄国翻转过来! 所以,中国共产党逐步建立并形成了自中央到地方到基层完整的组织系统,通过党组织的力量,建立强大的工农联盟,把农民纳入了我们党的事业,不仅依靠农民,还在农民中发展我们的党员,培养我们的干部,使之成为革命的基础力量。

同时,在抗战时期的农救会等各种农民组织中,起领导和骨干作用的是共产党员,党就是通过各种各样的组织将农民凝聚在了一起,通过党的组织、宣传、服务、凝聚作用,让农民了解自己的处境和受剥削、受压迫的根源,体会团结起来的巨大力量,燃起按照党指引的方向去追求新社会新生活的希望和热情。

我们党在对农民力量和作用的认识上是走过弯路的。

中国共产党是在共产国际帮助下成立起来的。在召开一大会议时就有共产国际的代表马林和尼克尔斯基在场,法国巡捕到现场搜查前,就是马林凭借多年的地下工作经验和敏感,及时作出正确判断,要求代表们立即撤离会场,才避免了被一网打尽的严重后果。按照共产国际设定的轨道路径,革命采取的主要形式就是在城市发动工人罢工,搞工人运动,夺取中心城市,然后通过城市的影响力将革命力量向全国辐射。在这样的革命路径指导下,党开展了香港海员大罢工、省港大罢工、二七大罢工、广州沙面大罢工等一系列工人运动,组织了南昌起义、秋收起义、广州起义等以夺取城市为目标的武装起义,但终因敌我力量悬殊,都以失败而告终。

(三) 解决农民问题

怎样解决农民问题? 毛泽东同志在《关于目前党的政策中的几个重要问题》中指出:"领导的阶级和政党,要实现自己对于被领导的阶级、阶层、政党和人民团体的领导,必须具备两个条件:(甲)率领被领导者(同盟者)向着共同敌人作坚决的斗争,并取得胜利;(乙)对被领导者给以物质福利,至少不损害其利益,同时对被领导者给以政治教育。没有这两个条件或两个条件缺一,就不能实现领导。例如共产党要领导中农,必须率领中农和自己一道向封建阶级作坚决的斗争，并取得胜利（消灭地主武装，平分地主土地）。"①

一是教育农民。

农民有小农思想，这不是无产阶级思想。一个人组织上入了党，是否就具备了党员的思想、无产阶级思想、马克思主义思想？总体上应该是的，但是否彻底就未必了。

我们很多人就出生在农民家庭，中国有几亿农民。以前经常说，我们处于小农经济的汪洋大海中，现在汪洋大海不说了，但在我们身上农民的思想、农民的意识或多或少还是存在的。怎么办？要教育农民。为什么我们要整党整风，为什么要开展主题教育，为什么有思想政治工作、政治学习，就是要从思想理论上解决小农意识、小资产阶级思想、资产阶级思想、封建主义思想等各种非马克思主义思想在头脑中的问题，用马克思主义取代这些非马克思主义思想，做到不仅是从组织上入党，还要从思想上入党。这样，思想政治工作这个传家宝就提出来了。

二是领导农民打胜仗而不打败仗。

教育不是万能的。只是靠教育农民还不够，还要领导农民打胜仗而不打败仗。农民如果跟着我们打一仗败一仗，看不到希望那怎么行？因此，不能打败仗，尤其是不能老打败仗，要打胜仗。

怎么打胜仗？只有集中优势兵力，各个歼灭敌人，要以10倍、8倍、5倍、最低不少于3倍这样集中起来，攥指成拳，以消灭敌人的有生力量为主要目标，不以占领城市和地方为主要目标，不战则已，战则必胜。在井冈山革命根据地时期就形成了"敌进我退、敌驻我扰、敌退我追、敌疲我打"的"十六字方针"，要做到打得赢就打，打不赢就跑，找到机会再打。毛泽东同志的运动战、游击战在第一次、第二次、第三次、第四次反"围剿"的时候都胜利了，避其锋芒、歼其薄弱。这样把敌人一点一点消灭掉，我们就胜利了。

我们不去抢占大城市，敌人在大城市力量强大，不好打，打的代价太大，即使打下来也很难守得住。比如南昌起义、广州起义都是如此。毛泽东同志为什么创建井冈山根据地，因为打长沙打不下来，我们损失惨重，不得不在文家市转兵，向罗霄山脉中段进军，由此开创了符合中国革命实际的新道路。因此，得向农村进军，在农村偏远地区发展革命的力量，不断地壮大，条件成熟了再去包围和进攻城市，取得全国政权。

我们党本身就是为劳苦大众谋解放的党，为了群众，依靠群

①

毛泽东：《关于目前党的政策中的几个重要问题》（一九四八年一月十八日），《毛泽东选集第四卷》，人民出版社1991年版，第1273页。

"五四指示"

1946年5月4日，中共中央发布《关于土地问题的指示》。该指示决定将抗战时期实行的减租减息政策，改为"耕者有其田"的政策，解决解放区农民的土地问题。规定解决土地问题的方式一般不是无偿没收，而是通过清算和购买实现有偿转移。指示还具体规定不可侵犯中农土地，要保护工商业，对富农和地主、地主中的大中小、恶霸非恶霸要有所区别，对开明绅士等应适当照顾，允许中小地主、富农、开明绅士保留多于农民的土地。各解放区根据"五四指示"，迅速开展了土地制度改革运动。到1947年2月，全解放区已有三分之二的地区解决了土地问题，进一步巩固了解放区，加强了对革命战争的支援。

①

〔美〕洛易斯·惠勒·斯诺著，王恩光等译：《斯诺眼中的中国》，中国学术出版社1982年版，第47页。

众，有效地发动群众，将亿万群众紧紧围绕在党的周围，形成同敌人歃血奋战斗争到底的滚滚洪流，加之战略战术的正确，不断取得一系列战争、战役和战斗的胜利。我们领导着农民老是打胜仗，就意味着敌人老是打败仗，就会有越来越多的人不愿再继续跟着他们干。所以，国民党的军队就拿着白旗，成连成团成师成军地起义了、投诚了。解放战争时期，我们解放军很多兵员就是这样来的。在根据地，大量的青年参军入伍。在战场上，我们解放的那些国民党官兵，稍加教育改造就调转枪口，成为革命战士。

三是给农民以实际利益，尤其是解决其土地问题。

1936年毛泽东会见美国作家斯诺时说："谁赢得了农民，谁就会赢得中国，谁能解决土地问题，谁就会赢得农民。"[①]

在传统乡村社会里，"土里求财"是农民最主要的甚至是唯一的手段。因此民间广为流传的"先买地，后盖房，有了闲钱买衣裳"，"玩龙玩虎不如玩土"等谚语，充分表达了农民对土地的渴求。因此，解决农民的土地问题成为解决农村和农民问题的总根源、总抓手。新民主主义革命时期我们党又没有强大的财政，没有钱给农民，怎么办？打土豪，分田地。

到了全民族抗日战争爆发，因为地主阶级也是抗日民族统一战线的力量，那就减租减息，就是地主少要一点地租和利息，农民少交一点地租和利息。

抗战一结束，以"五四指示"为标志，党开始搞"耕者有其田""土地还家"，后来搞土地改革。通过在解放区及之后全国的土地改革，农民阶级得到了土地，实现了千百年来希望获得土地、成为土地主人的梦想，亿万翻身农民衷心感谢和拥护党，愿意跟着党干。

正是因为中国共产党解决了农民问题，在党的领导下，通过建立各类组织，将农民组织起来，从而有效地改变了千百年来中国农民"一盘散沙"的局面。最大限度地发动起了农民，建立了巩固的工农联盟，成为推动中国革命、建设和改革，实现中华民族伟大复兴的最基本力量。

三

"唤起工农千百万,同心干"

"唤起工农千百万,同心干,不周山下红旗乱",这是毛泽东同志为庆祝第一次反围剿胜利而写下的不朽诗句。"唤起工农千百万,同心干"道出了中国共产党之所以能的根本力量所在。

（一）轰轰烈烈的农村大革命

建党之初和大革命时期，党工作的重点放在工人运动和城市方面，但农民运动也有所发展。

党的二大通过的决议案强调党的一切运动都必须深入广大群众，都必须是不离开群众的，这对建党初期工农运动开展具有重要意义。党成立后在集中力量组织领导工人运动的同时，也开始到农村去开展农民运动。比如浙江萧山衙前村农民大会，彭湃在海丰成立的第一个秘密农会，湖南衡山县白果地区成立的岳北农工会等。

国共合作后，在国民党中央党部设立农民部，共产党员林伯渠担任农民部长。这期间，在共产党人提议下，开办了农民运动讲习所，先后由共产党人彭湃、阮啸仙、毛泽东主持，培养了一批农民运动的骨干力量。1925年召开的党的四大正式提出工农联盟问题。随着北伐的胜利进军，工农群众运动以空前的规模开展起来，在湖南、湖北、江西三省最为显著，而首先蓬勃兴起的是农民运动。

1926年11月，毛泽东担任中共中央农民运动委员会书记，他以湖南、湖北、江西、河南为重点发动农民运动。

早在1917年，尚在湖南第一师范读书的毛泽东和一位叫肖瑜（萧子升）的中学教师分文不带，以行乞的方式走遍了湖南宁乡、安化、益阳、沅江等5个县，开展细致的社会调查。1918年毛泽东与蔡和森在浏阳、沅江又进行半个多月的社会调查。1925年2月6日，毛泽东同志同杨开慧携毛岸英、毛岸青回韶山，在家乡搞了几个月的农村调研，写出《中国社会各阶级的分析》。毛泽东同志在该文中指出农民是中国无产

《中国社会各阶级的分析》书影　　《湖南农民运动考察报告》书影

阶级最广大和最忠实的同盟军，而民族资产阶级是一个动摇的阶级，他们在革命高涨时将要分化，其右翼将要跑到帝国主义方面去。这些后来都得到了印证。

农村大革命的兴起，严重损害了地主豪绅和国民党右派的利益，引起其强烈的反对，污蔑农民运动为"痞子运动""惰农运动"，"糟得很"。

针对这些对农民运动的污蔑，1927年1月4日—2月5日，毛泽东以国民党中央候补委员的身份，在国民党湖南省党部监察委员戴述人陪同下，用了一个月零两天时间，对湖南的湘潭、湘乡、衡山、醴陵、长沙五县进行社会调查，其精华部分体现在了《湖南农民运动考察报告》当中。在该报告中，毛泽东尖锐驳斥了党内外责难农民运动的种种谬论，指出："国民革命需要一个大的农村变动。辛亥革命没有这个变动，所以失败了。现在有了这个变动，乃是革命完成的重要因素。"他呼吁一切革命的同志都应该站在农民的前头领导他们，而不能站在他们的后头指手画脚地去批评他们，更不能站在他们的对面去反对他们。强调广泛建立农民协会和农民武装，掌握农村一切权力，然后进行减租减息、分配土地等斗争。

毛泽东同志通过对中国历史文化、对中国农村农民的了解，深刻感受到农民的伟力，因此在秋收起义失败之后，他果断地向农村进军。

（二）农村包围城市

大革命的失败，使中国共产党在痛定思痛中进一步认识到了中国共产党要领导中国革命取得胜利，单靠工人阶级的力量是远远不够的。尽管中国工人阶级是中国新生产力的代表者，是近代中国最进步的阶级，力量集中，富有团结精神，具有彻底的革命性，但同时也应看到，中国工人阶级也有不可避免的弱点，如人数相较于农民而言很少，年龄相较于资本主义国家的无产阶级还很年轻，文化程度相较于资产阶级还很低，因此中国工人阶级单凭一个阶级的力量是不可能取得胜利的。而中国自秦汉以来以小农立国，农民占了中国人口的绝大多数，并且由于近代以来中国社会半殖民地半封建的性质，帝国主义和封建主义是革命的两大敌人，因此中国农民不仅是中国工人阶级反帝反封建的同盟军，还是反帝反封建的主力军，中国的民主革命就是农民革命，农民的力量就成为中国革命的主要力量。八七会议上确定土地革命和武装反抗国民党反动派的总方针，实现了由大革命失败到土地革命战争兴起的历史性转变。

但是当时的党中央领导人仍旧注重在大城市组织少数工人和积极分子举行罢工，发动城市武装起义，盲动主义的举措，使这些毫无胜算的起义和罢工斗争很快被镇压下去。

在以城市为中心的武装起义失败之后，以毛泽东和朱德创建井冈山革命根据地为标志，党的力量和工作重心向农村地区转移。从此以后，党找到了中国革命的力量之所在，充分发动农民群众，建立巩固的工农联盟，依靠农民，走农村包围城市的中国革命新道路，在实践中迈出了第一步。

（三）"兵民是胜利之本"

抗日战争全面爆发后，为反对国民党片面抗日，论述全民抗战思想，同时反对"速胜论"和"亡国论"，1938年5月，毛泽东同志在延安抗日战争研究会发表《论持久战》一文，其中专以"兵民是胜利之本"为标题，指出"战争的伟力之最深厚的根源，存在于民众之中"，主张进行广泛的政治动员，解决兵源、财源等问题，以实现"官兵一致，军民一致，瓦解敌军"的目的。毛泽东同志"兵民是胜利之本"的思想，揭示了人民群众在抗日战争中的决定性作用，对于指导全民族抗战并最终取得胜利发挥出巨大作用。1943年11月29日，毛泽东同志在中共中央招待陕甘宁边区劳动英雄大会上发表《组织起来》的讲话，他说："把群众力量组织起来，这是一种方针。""我们共产党员，无论在什么问题上，一定要能够同群众相结合……'三个臭皮匠，合成一个诸葛亮'，这就是说，群众有伟大的创造力。中国人民中间，实在有成千成万的'诸葛亮'，每个乡村，每个市镇，都有那里的'诸葛亮'。我们应该走到群众中间去，向群众学习，把他们的经验综合起来，成为更好的有条理的道理和办法，然后再告诉群众（宣传），并号召群众实行起来，解决群众的问题，使群众得到解放和幸福。"[1]1944年9月8日，毛泽东同志在中共中央直属机关追悼中央警卫团战士张思德同志大会上，对张思德同志全心全意为人民的革命精神给予高度评价。他说，我们的共产党和共产党领导的八路军和新四军是革命的队伍。我们这个队伍完全是为着解放人民的，是彻底地为人民的利益工作的。毛泽东同志在党的七大闭幕词中讲到了"愚公移山"的故事，他把人民群众比喻为"上帝"，要求党员干部用模范行动去"感动""上帝"。[2]

[1]《组织起来》，《毛泽东选集》第3卷，人民出版社1991年版，第930、933页。

[2]《愚公移山》，《毛泽东选集》第3卷，人民出版社1991年版，第1102页。

抗战时期，党成为全民族抗战的中流砥柱，建立和领导广泛的抗日统一战线，其基础就在于牢不可破的工农联盟。比如，中央决定派兵到山东去，建立以沂蒙地区为核心的山东抗日根据地。一开始，群众发动不起来，在日军大扫荡下，山东抗日根据地蒙受重大损失，根据地建设遇到很大困难。出现困难的原因是多方面的，但一个重要原因，正如1942年1月22日，罗荣桓、陈光、陈士榘致电第十八集团军总部并报中央军委的报告中提到的，"没有切实发动群众，着重抓减租减息，使群众得到实际利益，从而衷心拥护共产党"。[①]1942年4月刘少奇受中央派遣来到山东，督促山东党政军深入开展减租减息、广泛发动群众，使群众获得实实在在的利益，从而衷心拥护共产党和八路军。1942年底，刘少奇回到延安，1943年1月28日，朱瑞、罗荣桓、陈光致电刘少奇，报告山东情况说："群众动员及民兵起来之后，根据地乃有真实依靠。爱护主力及扶持地方武装观念提高，军队孤立现象逐渐减少，上层感觉过去阻挠群众运动之眼光短浅。""由于群众工作活跃，党的领导较前实际。"[②]自此，山东抗日根据地迎来大发展，成为党的革命力量的重要中心之一，为抗日战争和后来的解放战争作出了重要贡献。

（四）中国革命的胜利是"人民群众用小车推出来的"

解放战争时期，毛泽东同志明确提出建立无产阶级领导的以工农联盟为基础的人民民主专政的思想。他在1948年9月召开的中共中央政治局扩大会议上指出："我们是人民民主专政，各级政府都要加上'人民'二字，各种政权机关都要加上'人民'二字，如法院叫人民法院，军队叫人民解放军，以示和蒋介石政权不同。"[③]

党坚持群众路线，制定的纲领、路线、方针、政策得到人民群众的衷心拥护，从而对民众实现了有效的动员，紧紧把群众团结在自己的周围，组成向敌人冲锋陷阵的强大力量，陷敌于人民战争的汪洋大海。

渡江战役中，有2万多船工参加渡江战斗，安徽、山东、江苏等地有上千万名渡江支前群众为解放军送粮草纳布鞋、修路桥挖沟渠、抬担架运物资。当时因为国民党军队将通向长江的河渠全部用炮火封锁，我军民动手从驻地到长江挖掘出一条条沟渠，然后将船只抬进渠中，有的大船需要动用300个劳动力。毫

① 黄瑶：《以宏观的视野看刘少奇到山东》，《党史博览》2018年第11期。

② 黄瑶：《以宏观的视野看刘少奇到山东》，《党史博览》2018年第11期。

③《在中共中央政治局会议上的报告和结论（一九四八年九月）》，《毛泽东文集（第五卷）》，人民出版社1996年版，第135—136页。

不夸张地说,渡江战役的胜利是老百姓用船桨划出来的。

解放上海,我党制定的政策是,既要将敌人消灭,又不把城市打烂。陈毅元帅曾形象地将这比喻为"瓷器店里打老鼠"。

当时,驻守上海的国民党海陆空部队25万人。汤恩伯夸下海口:要让大上海成为攻不破、摧不毁的斯大林格勒第二。阎锡山在察看上海防御部署后也认为上海至少可以守一年。

解放军攻打上海曾经制定三个方案,一是围困,因当时上海有600万人口,是远东第一大城市,且广受国际关注,没有采取这一方案;二是选择敌人防御薄弱的苏州河以南实施突击,但考虑到这样一来市区成为主战场,城市很容易遭到战火破坏,因此也没有采用;三是两翼迂回,重兵钳击吴淞口,这一方案的最大问题是将成为一场硬碰硬的攻坚战、激烈的反复争夺战。但为了人民的利益,人民解放军最终选择了第三种方案。

上海战役于1949年5月12日打响,第三野战军第9、第10兵团完成从东、南、西三面包围上海的态势后,敌人凭借高楼大厦构成火力网。但为保护上海完整地回到人民手中,在上海市区战斗中,只准使用轻武器作战,一律禁止使用火炮和炸药。战争打得十分艰苦。5月27日,上海市宣告解放。为了不惊扰上海市民,蒙蒙细雨之中,疲惫至极的战士,和衣抱枪,睡卧在车水马龙的马路两侧。

新华社随军记者艾煊这样写道:"慈祥的老太太,热情的青年学生,商店的老板、店员,都恳切地请求战士们到他们的房子里去休息一下。可是战士们

1949年5月27日清晨,攻入上海的解放军露宿南京路街头的情景

婉谢了，他们不愿擅入民宅。"当时新华社随军记者陆仁生拍下一幅人民解放军露宿街头的照片，照片发表后在国内外引起强烈震动，一些国外媒体冠之以"胜利之师露宿街头"的标题予以转发。解放军睡在马路上的消息，深深震动了大上海。据说，荣毅仁就是看到了解放军不住民房睡马路这动人一幕，才决心要他的工厂赶快复工。

正是党坚持走群众路线，以工农联盟为基础，不断巩固和扩大革命统一战线，才最终取得新民主主义革命的伟大胜利。

（五）"共产党就是要奋斗，就是要全心全意为人民服务"

新中国的建立是党坚持群众路线、为人民谋解放、谋幸福的最大成果。新中国建立后，开展民主建政，巩固人民政权，巩固人民当家作主的地位，充分体现人民意志。

党对可能增长的脱离群众的不良作风始终保持高度警惕，并通过整党、开展"三反"运动等纯洁党的队伍。随着国民经济的恢复，国家工业化的日益推进，工农之间的矛盾开始呈现出来，主要的是分散而落后的小农经济同工业化发展所需要的原料、市场和劳动力的供应等之间的矛盾日益凸显出来，党立足自己的理想信念和历史发展的必然规律，从国内外实际出发，及时提出实现国家的社会主义工业化，开展对农业、手工业、资本主义工商业的社会主义改造，选择并建立起社会主义制度，这是对人民利益的最大最根本的维护，也是党的群众路线的最根本体现。

随着社会主义改造的基本完成，中国社会主要矛盾变成人民日益增长的物质文化需要同落后的社会生产之间的矛盾，社会主义建设的新任务即将铺开，为把国内外一切积极因素调动起来，为社会主义事业服务，毛泽东同志提出要正确处理好社会主义建设中的各方面关系，正确区分和处理好人民内部矛盾。毛泽东同志指出，在国家经济建设上，要兼顾国家和农民的利益，"苏联的办法把农民挖得很苦。他们采取所谓义务交售制等项办法，把农民生产的东西拿走太多，给的代价又极低。他们这样来积累资金，使农民的生产积极性受到极大的损害。你要母鸡多生蛋，又不给它米吃，又要马儿跑得好，又要马儿不吃草。世界上哪有这样的道理！"[①]因此，毛泽东同志强调，要缩小工农业剪刀差，实施等价交换或者近乎等价交换的工农业产品交换

① 《毛泽东文集第七卷》，人民出版社1999年版，第29—30页。

政策,在向农民供应工业产品时采取薄利多销、稳定物价和适当降价政策。在农业合作社内部也要把集体利益与农民个人利益结合起来。

党清醒地认识到,随着党在全国的执政,脱离实际和脱离群众的危险,对于党的组织和党员来说,不是比过去减少而是比过去增加了。而脱离实际和脱离群众的结果,必然发展主观主义,即教条主义和经验主义的错误,这种错误在我们党内也不是比前几年减少而是比前几年增加了。1957年2月27日,毛泽东同志在最高国务会议第十一次(扩大)会议上发表《关于正确处理人民内部矛盾的问题》讲话,强调正确地处理人民内部矛盾就是走群众路线。

在国民经济调整时期,毛泽东同志指出:"共产党就是要奋斗,就是要全心全意为人民服务,不要半心半意或者三分之二的心三分之二的意为人民服务。"[1]1961年3月,中共中央发出《关于认真进行调查工作问题给各中央局,各省、市、区党委的一封信》,并附上1930年毛泽东写的《关于调查工作》(即《反对本本主义》)一文。该信强调,深入基层调查研究是领导工作的首要任务。毛泽东同志以身示范,亲自组织和指导三个调查组分赴浙、湘、粤开展深入的农村调研。在全党形成浓厚的调查研究之风,解决了实际工作中存在的许多问题。正是本着为群众负责、向群众学习的原则,加快推进社会主义建设,建立起较为完整的工业体系和国民经济体系,为我国进行后续的改革开放、实现快速发展、提高人民群众生活水平奠定坚实的物质基础。

近年来,习近平总书记在多个场合提到大力弘扬"枫桥经验","枫桥经验"就是中华人民共和国成立以来党巩固党群、干群关系的经典案例。

枫桥经验缘起于20世纪60年代党开展的社会主义教育运动(简称"社教")。1963年5月,中央在杭州召开部分政治局委员和大区书记会议,推动社会主义教育运动。6月19日,浙江省委由省委书记处书记兼宣传部部长林乎加、浙江省公安厅厅长王芳率领,浙江省公安厅和宁波市公安处30多名干警参加的省委工作队到诸暨县枫桥区,会同诸暨县委进行社会主义教育运动试点。枫桥区社教运动中对待"四类分子"用"文斗"不用"武斗",依靠群众通过说理制服"四类分子",没有发生捕人的情况。对此毛泽东给予肯定,说"这叫矛盾不上交,就地解决",指示要好好总结。同年11月20日,毛泽东同志在第二届全国人

① 毛泽东:《坚持艰苦奋斗,密切联系群众》,《毛泽东文集第七卷》,人民出版社1999年版,第285页。

大四次会议公安部领导的发言稿《依靠广大群众，加强人民民主专政，把反动势力中的绝大多数改造成为新人》上批示：

　　　　此件看过，很好。讲过后，请你们考虑，是否可以发到县一级党委及公安局，中央在文字前面写几句介绍的话，作为教育干部的材料。其中应提到诸暨的例子，要各地仿效，经过试点，推广去做。[①]

　　至此，"枫桥经验"宣告正式诞生。11月22日，毛泽东在和公安部领导谈话时说，"枫桥经验"回答了两个问题：一是群众为什么懂得要这样做；二是证明依靠群众办事是个好办法。从诸暨的经验看，群众起来之后，做得并不比你们差，并不比你们弱，你们不要忘记动员群众，群众工作做好了，还可以减少反革命案件，减少刑事案件。并指示，"整理一个千把字的材料批发下去"。[②]自此"枫桥经验"得以确立并推广到全国，同时"枫桥经验"也不断地创新发展，成为极具生命力的巩固党群、干群关系的鲜活经验。

（六）尊重人民群众的首创精神

　　"文化大革命"结束不久开展了真理标准问题讨论，由此催生了十一届三中全会后党的工作重心的转移，确立了以经济建设为中心、改革开放的发展路线。党立足人民群众的利益和需要，尊重人民群众的主体地位和首创精神，强调无时无刻不把人民群众的困难和问题记在心上，注意在工作中将人民群众提出的意见建议落到实处，制定了从农业到工业、从农村到城市的改革政策，从沿海到沿江、沿边再到内陆的开放政策，有力推动了中国改革开放事业的发展，使中国的面貌、中华民族的面貌、中国人民的面貌、中国共产党的面貌发生了翻天覆地的历史巨变。

　　首先改革开放立足人民的需要。

　　改革只有一个指向，为人民而改革，这是改革的根本价值；改革只有一个标准，尊重人民意愿，这是改革的基本立场。改革开放之所以顺民心、合民意，就是因为从群众最关心的地方改起。

　　1978年秋，安徽凤阳县小岗村18位衣衫破旧、面黄肌瘦的农民，在低矮残破的茅屋里，在昏黄的煤油灯下，立下契约：分田到户；不向国家伸手，完成国家上交、集体提成；干不成，有人坐

　　[①] 浙江省诸暨市"枫桥经验"陈列室藏毛泽东同志批示手稿复制件。

　　[②] 参见《"枫桥经验"与基层社会管理创新》课题组：《"枫桥经验"档案资料选编》，2013年8月，第239页；公安部编写组：《建国以来公安工作大事要览》，群众出版社2003年版，第259页。

牢,杀头枪毙,保证把他的小孩儿抚养到18岁。在这个"牛死状"上的18个鲜红手印,见证了当时中国农民对改革农村生产经营方式的决绝。

不久,党的十一届三中全会做出改革开放的决定,提出了发展农业的一系列政策措施,并同意将《中共中央关于加快农业发展若干问题的决定(草案)》等文件发到各省、市、自治区讨论和试行。这个文件在经过修改和充实之后正式发布。接着,一些重要的农业方面的文件相继制定和发布施行,有力地推动了农村改革的进程。

1980年5月,邓小平同志公开肯定了小岗村"大包干"的做法。1982年1月1日,中国共产党历史上第一个关于农村工作的"中央一号文件"(指中央每年发布的第一份文件)正式出台,明确指出包产到户、包干到户都是社会主义集体经济的生产责任制。此后,联产承包责任制得到亿万农民的积极响应和衷心拥护,席卷全国广大农村,迅速解决了中国人的吃饭问题,中国因此创造了令世人瞩目的用世界上7%的土地养活世界上22%人口的奇迹。

改革要从群众最期盼的领域改起,真正站在人民立场上把握和处理好涉及改革的重大问题,这是改革的出发点,也是决定改革能否成功的前提。

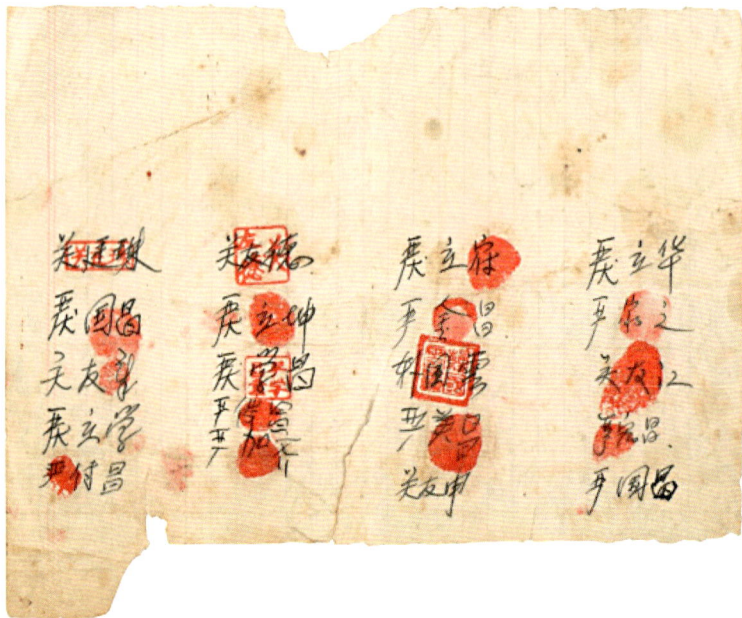

小岗村18位农民按下红手印的包产到户契约

其次，紧紧依靠人民推动改革。

这是改革开放持续推进的宝贵经验，也是全面深化改革的基本遵循。无论是联产承包责任制的全面推开，还是乡镇企业的异军突起，正是广大人民群众的积极参与，推动着中国社会步步向前。可以说，改革开放在认识和实践上的每一次突破和创新，改革开放中每一个新生事物的产生和发展，改革开放多领域多方面经验的创造和积累，无不来自亿万人民的聪明智慧。

其中，"傻子瓜子"就是一个经典的案例。

"傻子瓜子"创始人年广久，安徽芜湖人。年广久自幼丧父，一家人靠乞讨、摆小摊糊口，他早早地就学会了街头叫卖。1972年，年广九学会了炒瓜子的手艺，偷偷地炒、偷偷地卖。和别人不一样的是，年广久卖的瓜子味道香、个头大、分量足，价格却低，为此，同行都称他"傻子"。改革开放后，随着政策的变化，年广久的炒瓜子小作坊很快发展到100多人的"大工厂"，红极一时。由于年广九雇工经营，而当时对于雇工问题莫衷一是，引起相当大的争议。邓小平看了"傻子瓜子"问题的调查报告后，明确表态："我的意见是放两年再看……如果你一动，群众就说政策变了，人心就不安了。你解决了一个'傻子瓜子'，会牵动人心不安，没有益处。让'傻子瓜子'经营一段，怕什么？伤害了社会主义吗？"[①]在邓小平这一政策方针的指导和推动下，全国逐渐形成了以公有制为主体、多种经济成分共同发展的所有制结构。

再次，改革开放的成果由人民共享、成效由人民评判。

坚持把人民拥护不拥护、赞成不赞成、高兴不高兴作为制定改革开放政策的依据，顺应民心、尊重民意、关注民情、致力民生，既通过提出并贯彻正确的理论和路线方针政策带领人民前进，又从人民实践创造和发展要求中获得前进动力，让人民共享改革开放成果，有更多、更直接、更实在的获得感、幸福感、安全感。比如2006年党中央取消农业税、牧业税和特产税，制定工业反哺农业、城市支持农村、统筹城乡经济社会发展的一系列政策，等等。

人民群众坚决拥护党的领导、拥护改革开放的政策，迸发出难以想象的创造活力，涌现出"苏南模式""温州模式"等改革样本，促进了生产力的大发展，使中国经济社会发展迈上一个大台阶，造福亿万人民群众，有力地巩固了工农联盟。

①
《在中央顾问委员会第三次全体会议上的讲话（一九八四年十月二十二日）》，《邓小平文选（第三卷）》，人民出版社1993年版，第91页。

四

"江山就是人民，人民就是江山"

①

习近平:《高举中国
特色社会主义伟大
旗帜　为全面建设
社会主义现代化国
家而团结奋斗——
在中国共产党第
二十次全国代表大
会上的报告》,人民
出版社2022年版,
第46页。

　　江山就是人民，人民就是江山。中国共产党领导人民打江山、守江山，守的是人民的心。治国有常，利民为本。为民造福是立党为公、执政为民的本质要求。必须坚持在发展中保障和改善民生，鼓励共同奋斗创造美好生活，不断实现人民对美好生活的向往。①

210

（一）坚持人民立场

人民立场是中国共产党的根本政治立场，是马克思主义政党区别于其他政党的显著标志，是党一切工作的出发点和落脚点。2012年，习近平总书记在当选中共中央总书记后发表的首次公开讲话就鲜明地提出："人民对美好生活的向往，就是我们的奋斗目标。"[1]强调"检验我们一切工作的成效，最终都要看人民是否真正得到了实惠，人民生活是否真正得到了改善，人民权益是否真正得到了保障"。[2]

新时代脱贫攻坚的战略举措就是党坚持人民立场的生动体现。

新中国成立以来，中国共产党带领人民持续向贫困宣战。尤其是经过改革开放后的努力，成功走出了一条中国特色扶贫开发道路，使7亿多农村贫困人口成功脱贫。但是截至2014年底，中国仍有7000多万农村贫困人口。

"小康不小康，关键看老乡。"全面建成小康社会，最艰巨的任务是脱贫攻坚，最突出的短板在于农村还有着7000多万的贫困人口。

2015年，中共中央政治局审议通过《关于打赢脱贫攻坚战的决定》，中央召开扶贫开发工作会议，确定新时期脱贫攻坚的目标就是到2020年确保农村贫困人口实现脱贫，确保贫困县全部脱贫摘帽。习近平总书记强调，消除贫困、改善民生、逐步实现共同富裕，是社会主义的本质要求，是中国共产党的重要使命。立下愚公移山志，咬定目标、苦干实干，坚决打赢脱贫攻坚战，确保到2020年所有贫困地区和贫困人口一道迈入全面小康社会。[3]

脱贫攻坚的目标是稳定实现农村贫困人口"两不愁、三保障"，即：不愁吃、不愁穿，农村贫困人口义务教育、基本医疗、住房安全有保障；同时实现贫困地区农民人均可支配收入增长幅度高于全国平均水平、基本公共服务主要领域指标接近全国平均水平。

习近平总书记亲自指挥、亲自部署、亲自督战，汇聚全党全国全社会之力开启打赢脱贫攻坚战的波澜壮阔伟大征程。加快形成中央统筹、省（自治区、直辖市）负总责、市（地）县抓落实的扶贫开发工作机制，省市县乡村"五级书记"抓脱贫，做到分工明确、责任清晰、任务到人、考核到位。

① 《人民对美好生活的向往，就是我们的奋斗目标》，《习近平谈治国理政（第一卷）》，外文出版社2014年版，第3页。

② 《坚持和运用好毛泽东思想活的灵魂》，《习近平谈治国理政（第一卷）》，外文出版社2014年版，第28页。

③ 《坚持精准扶贫、精准脱贫，坚决打赢脱贫攻坚战》，《习近平谈治国理政（第二卷）》，外文出版社2017年版，第83页。

按照贫困地区和贫困人口的具体情况,实施"五个一批"工程:发展生产脱贫一批、易地搬迁脱贫一批、生态补偿脱贫一批、发展教育脱贫一批、社会保障兜底一批。

2020年11月23日,贵州省宣布所有贫困县摘帽出列,至此,中国832个国家级贫困县全部脱贫摘帽。

独龙族主要聚居在滇藏交界处的云南省怒江州贡山县独龙江乡,总人口6930人,是我国28个人口较少民族之一,也是新中国成立初期从原始社会直接过渡到社会主义社会的少数民族之一。由于交通闭塞、条件恶劣,运输工具只有马帮,大雪封山前可以出去一两趟,背点儿最急需的盐巴、茶、油等。党的十八大以来,脱贫攻坚战全面打响。独龙江乡安居温饱、基础设施、产业发展、社会事业、素质提高、生态环境保护与建设"六大工程"齐头并进,独龙江公路高黎贡山隧道通车,独龙族人再也不用忍受半年大雪封山的苦,全乡1000多户群众全部住进新建的特色民居,种养殖扶贫产业遍地开花。2018年底,独龙族实现整族脱贫,独龙族群众过上了做梦都没想到的好日子。2020年,独龙江乡建档立卡户人均收入12070元,户均存款31622元,独龙族群众的口袋一天比一天鼓了起来,远远摔掉了贫困帽子。

2021年2月25日,习近平总书记在全国脱贫攻坚总结表彰大会上庄严宣告:经过全党全国各族人民共同努力,在迎来中国共产党成立一百周年的重要时刻,我国脱贫攻坚战取得了全面胜利,2012年现行标准下的9899万农村贫困人口全部脱贫,832个贫困县全部摘帽,12.8万个贫困村全部出列,区域性整体贫困得到解决,完成了消除绝对贫困的艰巨任务,创造了又一个彪炳史册的人间奇迹!联合国秘书长古特雷斯致函习近平主席,祝贺中国脱贫攻坚取得重大历史性成就。

（二）坚持人民主体地位

中国特色社会主义事业,归根到底是亿万人民自己的事业。习近平总书记强调:"人民是历史的创造者,是决定党和国家前途命运的根本力量。"[1]人民当家作主是人民主体地位的集中体现。2021年11月5日,习近平总书记在参加北京市区人大代表换届选举投票时强调,选举人大代表,是人民代表大会制度的基础,是人民当家作主的重要体现。要把民主选举、民主协商、民主决策、民主管理、民主监督各个环节贯通起来,不断发展全过

[1]
《决胜全面建成小康社会,夺取新时代中国特色社会主义伟大胜利》,《习近平谈治国理政（第三卷）》,外文出版社2020年版,第16页。

程人民民主,更好保证人民当家作主。[①]

上海长宁区虹桥街道全国基层立法联系点、北京市东城区前门草厂四条胡同"小院议事厅"、浙江温岭市的"民主恳谈会"、江苏苏州市的"协商议事室"等等,都是全过程人民民主的好典型。

比如浙江温岭将民主恳谈引入政府预算制定等重大决策,形成以参与式预算为代表的全过程人民民主形式。一方面,在人代会召开前围绕政府及部门预算草案进行初审和民主协商,在每场恳谈中,与会人员先集中听取有关部门相关情况的汇报,然后采取分组与集中相结合的方式,就预算进行深入恳谈讨论,相关部门积极回应并回答询问,市政府分管副市长作表态发言。会后,市人大汇总整理公众意见并反馈给财政及相关部门研究处理,主任会议专门听取有关情况汇报,督促抓好落实。另一方面,开展代表工作站(代表联络站)预算征询恳谈。将预算送交各代表工作站进行征询恳谈,广泛征求工作站辖区内选民意见,为人代会审查预算打好基础。恳谈活动由工作站负责人主持,辖区内不少于50名选民参加。相关部门介绍预算编制情况,回答人大代表和选民询问,并就有关事项作表态承诺。通过多个层面的预算协商、对话、恳谈、辩论,增强了民意表达和公民在决策中的影响力,使全过程人民民主的活力不断得到激发。

中国的"全过程人民民主"强调公民参与公共政策决策全过程,即在决策前、决策中与决策后都能参与,努力做到人民知情权、参与权、表达权、监督权全覆盖,在集思广益中找到最优方案,实现了过程民主和成果民主、程序民主和实质民主、直接民主和间接民主、人民民主和国家意志相统一,是全链条、全方位、全覆盖的民主,是最广泛、最真实、最管用的社会主义民主。

（三）紧紧依靠人民群众

汉代政论家王充在《论衡》中提到:"知屋漏者在宇下,知政失者在朝野。"中国有句俗语:"要知朝中事,上山问野人。"这都是对群众智慧的赞美。群众是真正的英雄,群众中蕴涵着无尽的才智和力量。习近平总书记把实现中华民族伟大复兴形象地概括为"中国梦",并强调指出,中国梦归根到底是人民的梦,必须紧紧依靠人民来实现。中华民族伟大复兴是人民的事业、全民族的事业,不是单凭哪一个人、哪一部分人就能实现的,必须

①
《习近平在参加北京市区人大代表换届选举投票时强调不断发展全过程人民民主加强选举全过程监督》,《光明日报》2021年11月6日,第1版。

依靠广大人民群众的共同奋斗。因此必须充分调动广大人民群众的积极性、主动性、创造性。

比如，在三大战役中，支前民工多达880万人次。仅在淮海战役中，就由华东、中原、冀鲁豫、华中四个解放区前后出动民工543万人，动用担架20.6万副，车辆88万辆，挑子30.5万副，牲畜76.7万头，共向前线运送1460多万斤弹药、9.6亿斤粮食等军需物资。陈毅同志曾动情地说过："淮海战役的胜利，是人民群众用小车推出来的。"

中央广播电视总台中文国际频道《国家记忆》栏目曾播放专题片《红色沂蒙》，揭示水乳交融、生死与共的军民鱼水关系！

沂蒙人民百万人拥军支前，十万人血洒疆场，家家有红嫂、村村有烈士。孟良崮战役中李桂芳率领32名妇女纵身跳入冰冷的河水中肩扛门板做桥墩；"沂蒙母亲"王换于创办地下托儿所，先后抚养了80多名革命后代健康成长、无一夭亡。还有冒死帮助4名抗大学员躲过日军搜查的戚大娘、为掩护5名八路军伤员故意暴露和牺牲自己的高大娘、手持菜刀斧头誓死保护妇女队干部的韩大娘等等。群众用自己的生命换取革命战士的生命，用自己亲生骨肉换取革命后代的生命。

纪录片中，王换于的孙女于爱梅回忆起她的奶奶说的一句话："这些孩子是烈士的后代，他们上前线是为了谁？不是为了别人，是为了咱老百姓啊！"多么朴素的语言，多么高尚的情怀！人民群众永远是我们的靠山。

中国红嫂革命纪念馆"沂蒙红嫂"雕塑

五

组织宣传服务凝聚

党的基层组织是党全部工作和战斗力的基础,是党联系群众的桥梁和纽带,是党在社会基层组织中的战斗堡垒。加强基层党组织建设,充分发挥对群众的组织宣传服务凝聚作用,这是百年大党成功的一个重要密码。

（一）组织全覆盖

马克思主义政党力量的凝聚和运用，在于科学的组织。组织建设是党的思想建设和作风建设的物质基础和基本保证。党的十八大以来，以习近平同志为核心的党中央，坚持大抓基层党建的鲜明导向，大力加强包括新经济组织和新社会组织在内的基层党组织建设。

就拿上海迪士尼来说，早在项目谈判之时，中方就提出，一定要按照中国法律，组建党群组织，并需要写入上海迪士尼项目的合同条款里。当时，美方并不理解，甚至存在抵触情绪。但在2017年6月16日上海迪士尼开园一周年庆典时，美方高管对党组织和党员竖起大拇指，认为党群组织对上海迪士尼项目的成功运营非常重要，是党员和党组织保证了企业成功，为股东双方创造了价值。

（二）创新活动方式

广大基层党组织创新活动方式方法，增强基层党组织吸引力和感染力，提高组织生活质量和效果。

上海市浦东新区沪东新村街道探索"居企合作""警社联盟"等区域化党建品牌特色项目，推行区域化党建的需求、资源、项目"三张清单"，给社区、驻区单位带来了双赢成果。

深圳市南山区充分发挥腾讯等信息技术企业、智慧型企业集中的优势，以现代化信息技术为支撑，用"互联网＋"，促进智慧化党建平台、系统、大数据建设。南山区"智慧党建"系统直连直通全区所有基层党组织和党员，使基层党组织情况"一捅到天"、上级工作部署"一插到底"，实现党建工作的网络化、信息化、智能化，为基层党建活动开展、服务群众，更好引领基层社会治理提供了强大技术支撑。

（三）牢固树立党的一切工作到支部的导向

党支部作为党最基本的组织单元、战斗单元，在基层必须唱主角，真正成为宣传党的主张、贯彻党的决定、领导基层治理、团结动员群众、推动改革发展的坚强战斗堡垒。

新疆尉犁县兴平乡达西村党支部面对地处塔克拉玛干沙漠边缘、"一年四季白茫茫，只见播种不见粮"的现状，从培养干部，更新领导阶层，健全、落实相关制度等方面加强村支部建设，带领各族群众开挖排碱渠，种植防风林，发展集体经济，共同走上致富路，建成了"口袋鼓囊囊、精神亮堂堂"的"新疆第一村"。在此基础上，达西村党支部引导带领群众发展电子商务、文化、旅游等产业，并通过"党员干部联系贫困户"、党员"义务爱心帮扶日"、富裕户结对帮扶困难户等活动，提出党员干部"五标准"和"五带头"，让党员与群众的心紧紧贴在一起。该村党支部书记沙吾尔·芒力克赴京参加全国离退休干部先进集体和先进个人表彰大会，受到习近平总书记的接见。2014年9月，习近平总书记给新疆达西村党支部书记和全体村民回信指出："希望村党支部充分发挥战斗堡垒作用，像吸铁石一样把乡亲们紧紧凝聚在一起，坚定跟党走的决心和信心，把党的好政策落实到每家每户，把生产搞得更好，把民族团结搞得更好，让乡亲们的日子一天比一天更好。"①

广大基层党组织通过战斗堡垒作用和党员先锋模范作用的有效发挥，不断提高基层党组织的"磁吸力"，更好发挥组织宣传服务凝聚群众作用，从而将亿万人民群众通过517万个基层党组织和9900余万名党员这一个个纽结紧紧连接在一起、凝聚在一起，形成实现中华民族伟大复兴的磅礴力量。

① 《习近平给新疆尉犁县兴平乡达西村回信祝愿乡亲们日子一天比一天更好》，《人民日报》2014年9月17日，第1版。

结语

　　人类社会发展同物质世界的变化发展一样都是一个客观历史过程，这是马克思主义的一个基本观点。也就是说，人类社会的发展有其客观必然性。

　　什么是必然？必然就是必定这样，就是事物存在和发展过程中确定不移、不可避免的趋势。而偶然性是事物存在和发展过程中多种可能、难以确定的趋势。马克思主义辩证法认为，必然性离不开偶然性，必然性通过偶然性表现出来；偶然性离不开必然性，偶然性背后隐藏着必然性。

陈望道译《共产党宣言》

比如，给中国送来马克思列宁主义的一声炮响，陈望道"粽子蘸墨水"翻译出来的《共产党宣言》，"星星之火可以燎原"的答问；13个青年在上海石库门的一次会议，嘉兴南湖上的一只红船，遵义会议的召开；"过渡时期总路线"的文件制定，八大的召开，小岗村18位农民冒死签署的协议，神舟飞天……

这一个一个的细节故事，看似都是偶然的事件，其实背后都有其发生发展的必然逻辑，蕴含的都是中国传统文化、现代文明发展、科学社会主义发展的必然规律，揭示出的是"中国共产党能、马克思主义行、中国特色社会主义好、中国化时代化的马克思主义行"的客观现实和规律。正如习近平总书记强调的："人类社会发展的历史证明，无论会遇到什么样的曲折，历史都总是按照自己的规律向前发展，没有任何力量能够阻挡历史前进的车轮。"[①]实现民族独立、人民解放、国家富强、人民幸福，需要对社会进行组织化改造，而中国社会自近代以来一度呈现出"一盘散沙"的局面，为解决这一矛盾，在历史的呼唤下和人民的选择中，高度组织化的中国共产党应运而生，从而成为中国革命、建设、改革的推动力量和领导核心，成为引领中华民族伟大复兴的"火车头"。

党团结带领全国各族人民经过百年的筚路蓝缕、牺牲奉献、不懈奋斗，中华民族迎来了从"站起来""富起来"到"强起来"的伟大历史飞跃，中华民族伟大复兴进入了不可逆转的历史进程。

办好中国的事情，关键在党。这早已是党内党外绝大多数

① 《顺应时代前进潮流　促进世界和平发展——习近平在莫斯科国际关系学院的演讲》，《人民日报》（海外版）2013年3月24日。

人的政治共识,也是国际社会承认或口头不愿承认但心知肚明的现实。

前进的方向需要真理的指引。马克思主义科学揭示了人类社会发展规律,成为指导无产阶级革命和人类进步的科学理论,并且与中国传统文化相契合,又能弥补中国传统文化之不足,因此马克思主义被中国先进分子所接受,成为指导中国共产党的理论基础,并与中国实际相结合,与中华优秀传统文化相结合,不断推进理论创新,不断实现马克思主义的中国化、时代化、大众化,使中国共产党不但永不迷失历史前进的方向,而且能够时刻掌握历史发展的主动权,把握发展规律,形成正确战略,推动历史车轮向正确的方向前进。

前进的车轮离不开正确的轨道。道路关乎生命,关系党和人民事业的兴衰成败。中国特色社会主义,既坚持了科学社会主义的基本原则,又被赋予了鲜明的时代特色;既与中国传统的"大道之行也,天下为公"思想不谋而合,又符合当代中国实际,反映中国人民意愿,适应时代发展要求,是科学社会主义理论逻辑和中国社会发展历史逻辑的辩证统一。它是根植于中国大地、反映中国人民意愿、适应中国和时代发展进步要求的科学道路。正是沿着这条康庄大道,我们党才完成了全面建设小康社会的第一个百年奋斗目标、开启全面建设社会主义现代化国家新征程,不断推进中华民族伟大复兴。历史和现实都告诉我们,只有社会主义才能救中国,只有中国特色社会主义才能发展中国,这是历史的结论、人民的选择,是实现中华民族伟大复兴的必由之路。

"其作始也简,其将毕也必巨。"历史的必然,并不意味着我们坐等结果的到来。

庆祝中华人民共和国成立70周年大会"创新驱动"方阵。新华社记者　刘续　摄

中华民族伟大复兴的光明前景，是靠党领导亿万人民在马克思主义及其中国化的创新理论指导下，沿着中国特色社会主义道路，不懈奋斗而创造出来的。全面建设社会主义现代化、实现中华民族伟大复兴目标的实现，必须靠全党同志继续大力弘扬伟大建党精神，加强党的全面领导，推进新时代党的建设新的伟大工程，坚决按照党的十九届六中全会做出的确立习近平同志党中央的核心、全党的核心地位，确立习近平新时代中国特色社会主义思想的指导地位，深刻领悟"两个确立"的决定性意义，坚决做到"两个维护"；必须高举习近平新时代中国特色社会主义思想伟大旗帜，掌握贯穿其中的马克思主义立场观点方法，用以武装头脑、指导实践、推动工作，转变成实现中华民族伟大复兴的强大物质力量；必须坚持中国特色社会主义不动摇，决不走封闭僵化的老路，也不走改旗易帜的邪路，决不犯颠覆性错误，坚定不移走中国特色社会主义道路；必须不断巩固全党全国各族人民大团结，加强海内外中华儿女大团结，形成共创强国业、共圆中国梦的强大合力，在新时代新征程上，按照党的二十大报告对全面建成社会主义现代化强国作出分两步走的总体战略安排，自信自强、守正创新、踔厉奋发、勇毅前行，为全面建成社会主义现代化强国、实现第二个百年奋斗目标、以中国式现代化全面推进中华民族伟大复兴而团结奋斗。

"千里之行，始于足下。"让我们紧密地团结在以习近平同志为核心的党中央周围，逢山开路、遇水搭桥、乘风破浪、中流击水，努力践行"忠诚老实、公道正派、实事求是、清正廉洁"等共产党人价值观，努力书写无愧于历史、无愧于人民、无愧于时代的壮丽篇章！

主要参考文献和书目

党的文献

《马克思恩格斯全集》（第1至50卷），人民出版社1956年至1983年版

《毛泽东选集》1—4卷，人民出版社1991年版

《毛泽东文集》1—8卷，人民出版社1996年版

《毛泽东早期文稿》，湖南人民出版社1990年版

《建国以来毛泽东文稿》1—13册，中央文献出版社1987年至1998年版

《邓小平文选》第一卷，人民出版社1994年版

《邓小平文选》第二卷，人民出版社1994年版

《邓小平文选》第三卷，人民出版社1993年版

《江泽民文选》第一至三卷，人民出版社2006年版

江泽民：《论党的建设》，中央文献出版社2001年版

《胡锦涛文选》第一至三卷，人民出版社2016年版

《习近平谈治国理政》第一卷，外文出版社2018年版

《习近平谈治国理政》第二卷，外文出版社2017年版

《习近平谈治国理政》第三卷，外文出版社2020年版

中共中央宣传部：《习近平总书记系列重要讲话读本（2016年版）》，学习出版社、人民出版社2016年版

《中共中央文件选集（1949.10—1966.5）》（50册），人民出版社2013年版

《六大以前》，人民出版社1980年版

《六大以来：党内秘密文件》（上、下），人民出版社1981年版

《三中全会以来重要文献选编》（上、下），中央文献出版社2011年版

《十二大以来重要文献选编》（上、中、下），人民出版社1986年至1988年版

《十三大以来重要文献选编》（上、中、下），人民出版社1991年至1993年版

《十四大以来重要文献选编》（上、中、下）人民出版社1996年至1999年版

《十五大以来重要文献选编》（上、中、下），中央文献出版社2000年至2003年版

《十六大以来重要文献选编》（上、中、下），中央文献出版社2005年至2008年版

《十七大以来重要文献选编》（上、中、下），中央文献出版社2009年至2013年版

《十八大以来重要文献选编》（上、中、下），中央文献出版社2014年至2018年版

《十八大报告辅导读本》，人民出版社2012年版

《党的十九大报告辅导读本》，人民出版社2017年版

《党的二十大报告辅导读本》，人民出版社2022年版

中共中央宣传部理论局编：《论党的群众工作——重要论述摘编》，学习出版社2011年版

《共产党人的党性党风党纪建设》，人民出版社2011年版

《党的群众路线教育实践活动学习文件选编》，党建读物出版社2013年版

《十八届中央政治局关于改进工作作风密切联系群众的八项规定学习读本》，新华出版社2013年版

本书编辑组：《正确处理新时期人民内部矛盾，做好新形势下群众工作基本原则与实例启示》，人民日报出版社2011年版

著作

曹文泽：《教之以廉 基于国内外比较的教育廉政文化研究》，北京大学出版社2017年版

曾峻、朱亮高等：《打铁还需自身硬：今天如何做一名共产党员》，上海人民出版社2016年版

陈晋：《毛泽东读书笔记精讲》，广西人民出版社2017年版

陈晋：《读毛泽东札记二集》，生活·读书·新知三联书店2020年版

陈晋：《百年正道》，人民出版社2021年版

陈晋：《问答中国：只要路走对，谁怕行程远？》，新星出版社2021年版

陈文胜：《延安时期中国共产党反腐倡廉建设研究》，中国社会科学出版社2013年版

丁晓强等：《党内民主：党的建设与工作的生命线》，人民出版社2012年版

董振华主编：《坚持群众路线方法十讲》，人民出版社2013年版

范忠信主编：《"枫桥经验"与法治型新农村建设》，中国法制出版社2013年版

冯俊：《东风化雨——冯俊谈马克思主义中国化》，人民出版社2016年版

冯俊：《百年大党与中国之治》，人民出版社2021年版

高世琦：《中国共产党干部教育世纪历程》，党建读物出版社2013年版

高世琦：《党建研究和组织工作文稿》，党建读物出版社2016年版

高占祥：《十论党的宗旨：重读〈为人民服务〉》，安徽人民出版社2013年版

葛兆光：《古代中国文化讲义》，复旦大学出版社2012年版

韩庆祥：《中国道路及其本源意义》，中国社会科学出版社2019年版

何载：《红旗漫卷西北高原：缅怀习仲勋在西北》，中共党史出版社2017年版

黄湘怀等：《不忘初心：中国共产党为什么能永葆朝气》，中国人民大学出版社2016年版

姜义华：《何谓中国》，东方出版中心2021年版

姜义华：《中华文明三论》，上海人民出版社2021年版

李洪峰：《大国崛起的文化准备》，文化艺术出版社2011年版

李洪峰主编：《中国廉政史鉴》（思想理论卷、典章制度卷、历史人物卷），文化艺术出版社、国家图书馆出版社2012年版

李洪峰：《周恩来：永远的榜样》，人民出版社2018年版

李洪峰：《奋斗荣光》，上海人民出版社2021年版

李捷：《李捷自选集》，学习出版社2009年版

李捷：《国史静思录》，中国社会科学出版社2009年版

李捷主编：《毛泽东与新中国》，湖南人民出版社2013年版

李捷：《毛泽东对新中国的历史贡献》，社会科学文献出版社2015年版

李捷：《中国有个毛泽东》，人民出版社2021年版

李捷：《奋斗与梦想——近代以来中国人的百年追梦历程》，中国社会科学出版社2021年版

李君如：《李君如著作集》（第1至第18卷），上海人民出版社2019年版

李颖：《文献中的百年党史》，学林出版社2020年版

李忠杰：《党章内外的故事》，中共党史出版社2017年版

李忠杰：《领航——从一大到十九大》，人民出版社2017年版

李忠杰：《历史的智慧》，中国文史出版社2018年版

李忠杰：《马克思恩格斯怎样看中国》，北京人民出版社2019年版

李忠杰：《中国共产党历史通览》（上、下），中共中央党校出版社2021年版

林尚立、赵宇峰：《中国协商民主的逻辑》，上海人民出版社2016年版

刘海涛：《走向世界历史：中国特色社会主义的成长历程》，中共中央党校出版社2012年版

刘靖北主编：《中国共产党党的建设》，人民出版社2016年版

刘益涛：《中流砥柱——抗战中的毛泽东》，中央文献出版社2005年版

刘昀献：《当代社会主义的历史走向》，河南大学出版社2014年版

刘昀献：《政能量：执政新风助推中国梦》，浙江大学出版社2016年版

刘哲昕：《我们为什么自信》，学习出版社2018年版

柳建辉等：《十年辉煌：十六大以来中国共产党治国理政纪实》，人民出版社2012年版

骆昭东：《朝贡贸易与仗剑经商：全球经济视角下的明清贸易政策》，社会科学文献出版社2016年版

玛雅：《道路自信：中国为什么能（精编本）》，北京联合出版公司、中信出版社2014年版

齐卫平主编：《兴党之责》，上海人民出版社2015年版

齐卫平：《勇于全面从严治党：时代担当》，上海人民出版社2017年版

齐卫平等：《"四个伟大"与新时代中国共产党的历史使命》，人民出版社2019年版

童世骏、何锡容等：《中国发展的精神因素》，上海人民出版社2012年版

王庭大、何岩主编：《茂叶遒枝蓄芳华》，科学出版社2018年版

王庭大、唐景莉主编：《坚持党对教育工作的全面领导》，中国人民大学出版社2021年版

文一：《伟大的中国工业革命》，清华大学出版社2016年版

奚洁人主编：《党的先进性建设研究》，人民出版社2007年版

谢春涛主编：《中国共产党为什么能？》，新世界出版社2020年版

谢春涛主编：《中国共产党如何反腐败？》，新世界出版社2020年版

谢春涛主编：《中国共产党如何应对挑战？》，新世界出版社2020年版

谢春涛主编：《中国共产党如何治理国家？》，新世界出版社2020年版

谢春涛等：《中共党史十二讲》，生活·读书·新知三联书店2021年版

许纪霖：《家国天下：现代中国的个人、国家与世界认同》，上海人民出版社2017年版

许倬云：《万古江河》，湖南人民出版社2017年版

严爱云主编：《中国共产党在上海100年》，上海人民出版社2021年版

严鹏、关艺蕾：《产业政策启示录：工业文化的政治经济学》，电子工业出版社2020年版

于立志：《官德》，中国方正出版社2012年版

余钊飞：《社会管理创新的"诸暨之路"》，中国法制出版社2013年版

俞可平：《敬畏民意》，中央编译出版社2012年版

张占斌：《强国新征程："十四五"时期的中国经济》，浙江教育出版社2021年版

朱乔森、李玉玲主编：《中国共产党历史经验研究》，中共中央党校出版社1997年版

祝灵君、齐大辉：《新形势下做好群众工作的艺术与方法创新》，中共中央党校出版社2011年版

〔法〕托马斯·皮凯蒂：《21世纪资本论》，巴曙松等译，中信出版社2014年版

〔美〕雅克·巴尔赞：《从黎明到衰落：西方文化生活五百年，1500年至今》（上下），林华译，中信出版社2018年版

〔美〕贾雷德·戴蒙德:《枪炮、病菌与钢铁:人类社会的命运》,谢延光译,上海译文出版社 2016 年版

〔美〕罗斯·特里尔:《毛泽东传》,刘路新等译,河北人民出版社 1989 年版

〔美〕马克·塞尔登:《革命中的中国:延安道路》,魏晓明等译,社会科学文献出版社 2002 年版

〔美〕莫里斯·迈斯纳:《毛泽东的中国及后毛泽东的中国》,杜蒲等译,四川人民出版社 1989 年版

〔美〕塞缪尔·亨廷顿:《文明的冲突》,周琪等译,新华出版社 2017 年版

〔美〕熊玠:《大国复兴:中国道路为什么如此成功》,李芳译,湖北教育出版社 2016 年版

〔新加坡〕马凯硕:《中国的选择:中美博弈与战略抉择》,全球化智库译,中信出版社 2021 年版

〔新加坡〕郑永年、杨丽君:《中国崛起不可承受之错》,中信出版社 2016 年版

〔英〕艾瑞克·霍布斯鲍姆:《革命的年代:1789—1848》,王章辉等译,中信出版社 2017 年版

〔英〕艾瑞克·霍布斯鲍姆:《资本的年代:1848—1875》,张晓华等译,中信出版社 2017 年版

〔英〕艾瑞克·霍布斯鲍姆:《帝国的年代:1875—1914》,贾士蘅译,中信出版社 2017 年版

〔英〕艾瑞克·霍布斯鲍姆:《极端的年代:1914—1991》,郑明萱译,中信出版社 2017 年版

〔英〕艾瑞克·霍布斯鲍姆:《断裂的年代:20世纪的文化与社会》,林华译,中信出版社 2021 年版

论文

曹文泽:《不断加强党内法规制度建设》,《人民日报》2021 年 12 月 16 日,第 9 版

陈冬冬、齐卫平:《新时代脱贫攻坚及其重大意义》,《理论建设》2021 年第 2 期

陈祥健:《人民就是江山》,《红旗文稿》2021 年第 11 期

丁俊萍:《党的领导是中国特色社会主义最本质的特征和最大优势》,《红旗文稿》2017 年第 1 期

丁俊萍等:《中国共产党百年党性教育的历史经验》,《光明日报》2021 年 6 月 30 日,第 16 版

丁小溪、袁汝婷:《"有事好商量,众人的事情由众人商量"——习近平推动人民民主的故事》,《民主法制建设》2021 年第 7 期

丁晓强:《党的群众路线的理论研究及其前沿问题》,《晋阳学刊》2013 年第 5 期

董振华、张恺:《百年大党推进马克思主义中国化的历程及经验》,《中共杭州市委党校学报》2021 年第 2 期

高亚非:《论王光祈的工读互助主义思想与马克思主义在中国的传播》,《中华文化论坛》2013 年第 1 期

龚仕建、原韬雄：《弘扬张思德精神，践行全心全意为人民服务宗旨》，《人民日报》2021年11月，第7版

韩文秀：《以高质量发展为主题　推动"十四五"经济社会发展》，《当代兵团》2021年第2期

郝清杰：《马克思主义是一块整钢》，《高校马克思主义理论研究》2021年第3期

江必新：《习近平法治思想对法治基本价值理念的传承与发展》，《政法论坛》2022年第1期

姜义华：《过渡时期理论与实践取代新民主主义历史背景的一项考索》，《当代中国：发展·安全·价值——第二届（2004年度）上海社会科学界学术年会文集（上）》，2004年

姜异新：《"这一个讲堂中"的"电影"——观看之道与鲁迅的"弃医从文"》，《鲁迅研究月刊》2021年第12期

李捷：《马克思主义群众观与中国共产党的群众路线》，《中国高校社会科学》2014年第1期

李云舒：《打出自我革命组合拳》，《中国纪检监察报》2022年1月20日，第4版

刘建军：《论五四时期的信仰危机与信仰求索》，《中国人民大学学报》2012年第3期

刘靖北：《制度化：党的作风建设的治本之路》，《探索》2002年第1期

刘琳琳：《从国外政党加强群众工作中得到的几点启示》，《经济视角》2012年第2期

刘昀献、李全胜：《坚持群众路线必须强化党的作风建设》，《中国浦东干部学院学报》2013年第5期

马建堂：《深入学习贯彻党的十九届六中全会精神，努力做好决策咨询工作》，《中国发展观察》2021年第23期

缪开金、奚洁人：《协商民主与新时期党的群众路线的契合性研究》，《党政研究》2014年第3期

齐卫平：《提高群众路线教育实践活动实效性的若干思考》，《思想理论教育》2013年第19期

秦宣：《中国共产党百年与马克思主义中国化的"三大飞跃"》，《教学与研究》2021年第12期

曲青山：《马克思主义中国化时代化大众化的光辉著作》，《学习月刊》2020年第8期

沈向兴、尤功胜、周月、李娅婕：《铸牢中华民族共同体意识的云南实践与启示》，《民族研究》2021年第4期

施芝鸿、车宗凯：《一篇闪耀着马克思主义真理光辉的纲领性文献——访中央宣讲团成员、中共中央政策研究室原副主任施芝鸿》，《高校马克思主义理论研究》2021年第4期

时玉柱：《"江山就是人民，人民就是江山"的时代内涵与价值意蕴》，《科学社会主义》2021年第5期

宋月红：《深刻认识和把握伟大建党精神的科学内涵》，《学习月刊》2021年第8期

孙力、陈杰：《政府职能演进中的群众路线升华》，《湖湘论坛》2014年第4期

唐善梅:《大学生现代文化人格养成研究》,南京师范大学博士学位论文,2017年4月

唐亚林:《论中国共产党区别于其他政党的十大显著标志》,《学术界》2021年第10期

汪敬虞:《近代中国资本主义的发展和不发展》,《历史研究》1988年第5期

王爱云:《"江山就是人民,人民就是江山"重要论述的历史实践》,《中国井冈山干部学院学报》2021年第4期

王鸿铭:《论党的政治建设与国家治理能力的提升》,《社会主义研究》2021年第6期

王永哲:《贯彻中央人大工作会议精神　坚持全过程人民民主》,《山东人大工作》2021年第12期

武力:《党对资本主义政策的演变考察》,《中共济南市委党校济南市行政学院济南市社会主义学院学报》2001年第1期

武力、王丹莉:《中国共产党与20世纪中国经济发展道路的三次转变》,《教学与研究》2011年第6期

武力:《唯物史观与中共党史若干问题新认识》,《中共历史与理论研究(第2辑)》,社会科学文献出版社2015年版

武力:《中国特色政治经济学建设应加强历史研究》,《政治经济学评论》2016年第5期

武力:《改革开放四十年:中国走出自己的发展道路》,《中央社会主义学院学报》2018年第2期

肖小华:《中国共产党自我革命的历史演进——以党在不同时期自我革命的主题为视角》,《中国井冈山干部学院学报》2020年第2期

辛向阳:《"两个决不会"的科学内涵及其当代价值》,《马克思主义研究》2021年第9期

辛向阳:《继续成功的根本在于坚持党的领导》,《中国纪检监察》2021年第23期

徐佳:《新时期实现党的群众路线长效机制的哲学思考》,《学理论》2016年第7期

徐志栋:《把握好全面建成小康社会工作中的"三对关系"》,《党的文献》2021年第2期

薛鑫良:《延安时期的"黄克功案件"及其现实警示》,《中华魂》2015年第2期

严爱云:《中国共产党为何能赢得民心、赢得时代? 秘诀就在这里》,《解放日报·上观新闻》2021年7月5日

严鹏:《国家作用与中国的工业化道路:一个新李斯特主义的解读》,《当代经济研究》2015年第12期

姚桓:《群众路线教育实践活动的时代特征和深远意义》,《中国特色社会主义研究》2013年第4期

姚桓、孙悦棋:《百年反腐　一以贯之——中国共产党百年反腐的简要历程和基本经验》,《中共杭州市委党校学报》2021年第2期

于江:《深刻领悟习近平外交思想的人民立场》,《国际问题研究》2021年第4期

于长江、王博:《社会主义核心价值观之"民主"的探究》,《福建省社会主义学院学报》2020年第4期

张复俊、台红:《建立健全科学系统的群众路线长效机制》,《理论建设》2015年第1期

张金保:《民国时期山东土匪问题论析——以社会调控论为视角的探讨》,山东大学硕士学位论文,2007年10月

张瑞、王怀超:《从百年奋斗征程中汲取智慧和力量——学习党的十九届六中全会精神体会》,《理论与现代化》2021年第6期

张世鹏:《重读马克思主义经典作家关于资本主义发展的论述》,《当代世界与社会主义》2003年第3期

张树华、王阳亮:《制度、体制与机制:对国家治理体系的系统分析》,《管理世界》2022年第1期

张文清:《"瓷器店里打老鼠"——敌我双方智慧与实力较量的上海战役》,《上海党史研究》1999年第3期

赵家祥:《马克思主义是发展着的理论——从"两个必然"到"两个决不会"》,《光明日报》2017年7月31日,第15版

赵家祥:《恩格斯晚年对马克思主义哲学的贡献》,《中国浦东干部学院学报》2020年第4期

郑瑞峰:《陈独秀拒绝共产国际经费援助始末》,《党史纵横》2008年第4期

中共中央党史研究室:《正确看待改革开放前后两个历史时期》,《人民日报》2013年11月8日,第6版

朱佳木:《从改革开放前后两个时期的历史性质及其相互关系上认识中国特色社会主义道路的内涵》,《当代中国史研究》2008年第1期

《坚持严的主基调不动摇　坚持不懈把全面从严治党向纵深推进》,《人民日报》2022年1月19日,第1版

后记

　　近年来，笔者一直为党政领导干部开设"中国共产党与中华民族伟大复兴""从中共党史中汲取智慧力量"等课程，但从来没有想到过要写成一本书。是上海世纪出版集团综合党委李炳刚书记提示我最好能将课程的基本内容写出来，作为一本通俗性的读物，供党员干部、高校学生和广大群众学习参考。

　　尽管我从事理论研究和教学工作已有30多年的时间，理论文章和学术著作也写过不少，但还没有写通俗性的、让读者在深入浅出中阅读的作品的经验，因此，在写作过程中遇到不少困难困惑。比如，为增强可读性，通俗读物一般是不必加注的，但还是自觉不自觉地加了些注释。当然，这些注释主要局限于对领袖人物的观点和对一些学者论述的直接引用。为做些弥补，对所引用学者的成果在书后所附参考文献中尽量列了出来。

　　由于本书是在原有课程基础上综合扩展而成，而根据出版计划的要求，配合此前上海世纪出版集团、学林出版社所出的《信仰的力量》《细节的力量》两本书的风格，将该书定名为《复兴的力量——引领民族振兴的百年大党》。自己深深感到，这么大的题目，单凭一部书稿是很难深入分析透彻的，在一些观点上还没有展开深入分析，需要自己在今后的研究中不断予以深化。

　　本书写作过程中，学林出版社尹利欣总编和我密切配合，共同策划、共同关注。原中共中央党史研究室副主任、中央马克思主义理论研究和建设工程咨询委员会委员李忠杰教授审读书稿并为之作序。原中共中央党校副校长、中央马克思主义理论研究和建设工程咨询委员会委员李君如研究员提出了宝贵修改意见。中共中央组织部党建研究所、上海世纪出版集团、中国浦东干部学院有关领导以及同事也给予了关心、支持和帮助,在此一并致谢。

王友明

2024年7月于上海

图书在版编目（CIP）数据

复兴的力量：引领民族振兴的百年大党 / 王友明著．
上海：学林出版社，2024. -- ISBN 978-7-5486-2016-7

I . D26

中国国家版本馆 CIP 数据核字第 2024Z1J021 号

责任编辑 王婷玉　李晓梅　王思媛

特约审读 张利雄　王瑞祥

装帧设计 姜　明

图片提供 高洪兴　李　解　郑宪章

复兴的力量

—— 引领民族振兴的百年大党

王友明　著

出　　版	学林出版社	
	（201101　上海市闵行区号景路 159 弄 C 座 7F）	
发　　行	上海人民出版社发行中心	
	（201101　上海市闵行区号景路 159 弄 C 座 7F）	
印　　刷	上海雅昌艺术印刷有限公司	
开　　本	720 × 1000　1/16	
印　　张	14.75	
字　　数	280 千	
版　　次	2024 年 8 月第 1 版	
印　　次	2024 年 9 月第 2 次印刷	

ISBN 978-7-5486-2016-7/D·104

定　　价　118.00 元

.